金大崛起

下

燕南啟道 振鐸浯洲

李金振・著
李福井・編纂

傳承大學日課　完成傳奇

鄭愁予　耶魯大學終身在校詩人

初入仕途的朱熹廿二歲剛從大學畢業了
將冠冕易儒巾則官服之彩繡何嘗是初衷
立在同安海角望離島而心忖太武之東渚
是否那浯江仙洲果真會成為洙泗之鄒魯 (1)

寒窗不負《大學》的日課引來春風傳奇
暖意入懷正是格物、致知、誠意、正心 (2)
是故他必需親執櫓、舵…且高張帆、蓬
破長浪、搏逆風、無迴寰惟憑理氣成功

登陸浯嶼他喜歡「山環水抱」「藏風聚嵐」(3)
立書院高崗回望大陸盼北燕南來乃名燕南
《大學》取自書經「經一章蓋孔子之言」
《中庸》《論語》《孟子》而《四書》成焉！(4)

朱熹862年後重臨燕南書院使他老懷欣慰
44位進士這青青子衿未被時光的忘川淹沒 (5)
一群浯嶼教育家一群外地校長一群金僑民
擁戴一個童年懵懂失怙只知滿懷報恩的人

這個人惶恐受命還鄉負重擔復校燕南書院 (6)

這個人將鄉土人格化而奉之如對母親的愛

這個人工作如結緣記下事功苦樂共享未來

這個人效法朱熹儒家渡海憑持倫理共患難 (7)

他掌舵十七年其海圖來自實業計畫之精華

他握契機用權變將瀕臨無望轉為迎頭趕上

他崇信孫文學說涵華洋古今必能飛向國際

他是誰？就是金門大學的傳奇校長李金振 (8)

註：

(1)「洙泗」孔子家鄉河流。湖南嶽麓書院在朱熹講學後，被譽為「瀟湘
　　洙泗書院」。

(2)《大學》此處有雙義，為儒家理學之本。「理氣」之說也是朱熹思想
　　的原鄉。

(3) 語出朱熹，朱子著重居住環境及風水，愛金門也。

(4) 朱熹定四書，合五經為儒學根本。

(5) 金門受朱子燕南書院影響，歷代有四十四位進士及第，金門大學追認

為校友。

(6) 金大壓根兒就定位為燕南書院復校,與台灣一般建大學有本質的不同,期減少阻力。

(7) 本詩第二節朱熹渡海暗喻金大復校時李金振面臨的狀況。

(8) 李金振校長是知天命,成事功的人。這本史無前例的日記中多處都顯現預測天機的前景,他帶領鄉親勇者奠下宏碁,是先知任務的完成。至於對家鄉的愛和更高層次的展望呢?自有智者承續。我在李金振『金大崛起』書的推薦序中提到金門「文事之最」覺得該寫詩頌揚。其實這部日記允為金大的建校歷史的史詩版,我寫的這首小詩,不過是把我寫的校歌中「燕南啟道/建我新學府」這出自李金振辦學神巧的歷史感連結起來,他的日記正是循者這個先知型的思維日夕不輟完成的。允為大學日課的傳奇。

我的老戰友李金振

吳清基 總統府國策顧問

　　國立金門大學之誕生，我親身參與。國立金門大學之崛起，我與有榮焉。

　　猶記得17年前國立高雄科技學院(國立高雄應用科技大學的前身)金門分部創設前夕。當時，我正好任職教育部技職司司長，第一次與李金振校長通電話時，是奉吳京部長指示，將金門籌設大學之構想告知服務於國立成功大學的金門子弟李金振主任秘書，並舉澎湖海專模式說明金門分部的遠景。按吳京部長之所以極力推薦，主要是想借重他在成大優異的執行力。尤其，能衣錦還鄉服務鄉梓，對他來說應是人生一大光彩，可以光宗耀祖。不久，李金振校長與其夫人討論後欣然接下這項不被看好的苦差事。這也成為往後17年長期抗戰的起跑點。

　　從答應接下金門分部主任的那一刻起，李金振校長就像是上緊了發條似的拼命衝向火線：分部主任兩任幹完，改當學院校長；學院兩任校長屆滿，改當大學校長。這期間，我先後任職教育部技職司司長、常務次長、政務次長、部長等職。其間，雖曾轉任行政院第六組(教育文化組)組長、台北市政府教育局局長、副市長等職。惟工作性質相近，並經常保持聯繫，所以不影響我對金門大學之關懷與了解。

　　李金振校長和我個人一樣，都是在窮困家庭長大的，從小學就開始半工半讀，在刻苦耐勞中培養其服務的人生觀。也自然地養成「吃苦像吃補」的價值取向。其謙恭的態度和樂觀奮進的精神，令人印象深刻。

金門縣地處離島，是偏鄉中的偏鄉，也被教育部評為教育優先區。由於路途遙遠，尤其，務必搭飛機始能抵達的離島金門，本以為每次見面後要等很久才能再次見面，豈知李金振校長每週台北教育部、高雄校本部、以及金門分部等兩岸三「部」往返奔波，因此，對教育部各司處同仁而言，李金振校長倒是一個最熟悉、至為親切的工作伙伴，部內處處可見他的身影。十多年來，校務不分大小、經費不論多寡，李金振校長莫不親力親為。

　　對金門這座彈丸小島來說，當時的構想是，能先設一所二專的分部，提供當地青年升學的機會，已經非常難能可貴。按教育部的立場，當初旨在照顧離島偏鄉高中職畢業生，讓他們有繼續升學、進修的管道，而不是為國內增添一所綜合大學。然而，李金振校長似乎不這麼想，不以此為滿足。乃不斷想方設法拉攏各方資源，厚植其發展基礎。並以最積極的態度、透過各種途徑，奔走教育部、行政院、總統府等上級主管機關，力求政策解套。

　　機會是優先提供給準備好的人。金大創校過程並非一帆風順，其中也經歷過重重艱難險阻。李金振校長憑其善巧逐一化險為夷，從而化阻力為助力，以求逆向成長。以民國99年席捲全球的金融海嘯危機為例。最嚴重的問題就是政府財政短絀，對先天不足的新設大學而言，更是雪上加霜。為因應此突如其來的危機，行政院推出「擴大內需」方案，用

以創造就業機會。乃調查各公立機關之重大工程得提早動工。李金振校長平日就已備妥各棟校舍之規劃設計書，誠養兵千日，用兵一時，掌握了時勢脈動，又掌握了政策需求，於是一口氣提出了六棟建築的新建計畫，也幸運地順利通過審查，並依規定準時動工。這項創舉，將過去13年來校舍興建之嚴重落後一次補足，也印證了「危機就是轉機」不是神話。這些硬體建設也成了目前國立金門大學跳躍式發展的最穩固基礎。

在金門大學的成長過程中，有殊多的突破，實際上已超越舊有的思維和現行制度的框架。由於李金振校長的努力奔走，積極爭取，教育部終於首肯，跳過當初澎湖海專的範例，直接晉升為國立金門技術學院。免掉「專升本」的嚴峻評鑑。為金門大學發展史締造新的紀錄。

想起17年前金門分部誕生伊始，我是教育部技職司司長，4年前金門大學正式掛牌時，我是教育部長。一路走來，我堪稱是看著金門大學長大的「見證人」。

金門大學就是地方殷切期盼下所誕生的產物，承載了無數來自全球各地所有金門人以及各界人士的高度關心與期待。學校的誕生與發展，李金振校長正是最佳的「推手」，他從分部主任到目前校長即將卸任，所有大小校務他都親身參與，沒有李校長的雄才大略與強烈企圖心，就沒有金門大學。甚至對教育部來說，李校長的積極奮進，帶有些許「逼迫」的意味在裡頭。但若是沒有這樣的積極敦促，也一定不會有今日的

金門大學。

　　國立金門大學，確實是一所很獨特的學校。17年來有過太多的唯一與第一。它是我僅見唯一跳過專科學校而直接升格為技術學院的「分部」；也是國內第一所技術學院跳過技職體系，直接轉換跑道、成功地改名為一般大學的案例。此外，還有一點最特殊的地方，讓部內同仁不得不對李校長刮目相看，那就是海外僑領對回歸故鄉金門興建大學所表現的高度熱忱，而且還接二連三地踴躍捐款。同時，當地政府的高度支持，也是國內其他大學所難以望其項背。尤其在部內召開改大最後審查會議時，竟然有縣長與議長聯袂列席表態，令身為部長兼主席的我和所有審查委員們都嘆為觀止。當然，最後在金門縣長李沃士與議長王再生的強力背書之下，教育部終於通過准予改名，於2010年正式改為「國立金門大學」。李金振校長勇於挑戰不可能任務的性格決定了金門大學的高度。所有國內各大學不願意做的嘗試，在李校長的領導下，國立金門大學都勇敢地邁出了它的腳步。

　　因為李金振校長的傻勁，讓金門大學在全國少子化的衝擊和退場聲浪中崛起，締造殊多「前無古人」的歷史紀錄；在校長任內帶領全校師生一起努力將學校由專科改制為學院、再由學院改名為大學，13年內完成三級跳的創校任務，在學術界被譽為「轉身跳投得分」。此外，在師資方面，一次爭取到100個教師員額，幾乎是將全國全年度的教師增額

都給金門大學打包帶回去，直令各大學稱羨不已。另者，在招生方面，誰有本事讓考生放棄大學聯考第一志願？結果是，金門大學做到了！103學年度金大招到一位學測滿級分（75級分）的學生，據悉，該生已錄取台大電機工程學系，最後他選擇了金門大學就讀。令人難以置信的是，17年前的金門大學，彼時的錄取生大多是聯考的落榜生，誰能預料17年後的今天，竟收到一位聯考的榜首。其進步的幅度又再度破表。

本書從李金振校長17年來撰寫的35本、逾3400篇筆記中，摘錄近240篇。書中殊多創校過程的細微處，也讓人明白原來中央政策同意與首肯的背後，其實金門地方政府、在地鄉親、海外僑領、旅台學人與同鄉、國際友人、以及企業家等，已默默地做過如此多的努力。事成並非偶然，成功其來有自。

作為一個見證人，金門大學創造的所有奇蹟，我親身參與、親眼目睹。讓奇蹟能在金門實現的靈魂人物李金振校長，他的所有努力我親身領略。在老戰友行將卸任之際，這部書的出版，讓金門大學的創校歷程和與奇蹟再添佳話。我也願意以見證人和參與者的身份再次向各界推薦，推薦這個神奇故事，推薦這所奇蹟般的大學，也推薦這位傳奇校長。

弦歌不絕
——金門之戀

鄭貞銘 中國文化大學華岡教授

　　當金門由殺戮戰場轉變為繁榮商場；當金門隆隆砲聲轉變為朗朗書聲，這是歷史的契機，也是金門的轉機，金門人有福了。

　　民國一百年的某一天，前監察委員周陽山遇見我，他說「鄭老師，您有一位學生李金振，在國立金門大學擔任校長，他常常懷念您。」

　　我聽了十分訝異，在我記憶中，不曾有這麼一位學生。後來寫信向金振致賀，金振不但立即與我取得聯繫，並邀請我到金門大學擔任講座教授，並在第一屆同學的開學典禮中，以「尋求大學之夢」為題發表演講。師生三千多人在大樓中空大操場席地而坐，秩序井然，是一場難忘的演講。

短暫的師生關係

　　我對這位大學「校長學生」十分好奇，原來是在44年前，李金振考取文化學院(今文化大學)新聞系就讀，一年後轉出，難怪我對他少有記憶。但是他說在文大新聞系雖僅一年（我時任系主任）；但是受教很多，尤其老師常教做人做事的道理，金振自認終身受用。

　　李金振是金門子弟，家庭清寒，念不起私立大學，所以他轉考師大公費，依依不捨地向文大道別。

　　如今，這位與我闊別四十餘年的金門子弟，經過一番奮鬥，卓然有成，而且成為一所國立大學校長，不僅為鄉親服務，也為兩岸與世界華

人子弟貢獻心力。

　　金大的前身是國立高雄應用科技大學金門分部，創立於1997年7月1日，即由李金振首任分部主任，以後分部獨立升格為國立金門技術學院，於民國2010年8月1日改名為國立金門大學，首任校長也由李金振出任。

　　17年的漫長時間，李金振使出渾身解數使金大煥然一新，他奉獻出所有心力，尤其改國立不到四年，金大建築宏偉，設備齊全，軟硬體的建設令人刮目相看。形成了李金振傳奇。

金大發展活歷史

　　當我散步在金大校園間，每位學生見到李金振都叫「校長好」。每場講座都座無虛席，師生專注聽講，令人印象深刻。我強烈感受到，這是一所不一樣的大學。

　　李金振苦學，生活簡樸，待人誠懇，每一天行程、與來賓的談話、無不詳載他那密密麻麻的記事簿中，據說他在金大17年的服務，記錄了35冊，不啻是金大發展的活歷史。金大的每一方寸，都有他的心血與足跡。

　　李金振擁有刻苦自勵、奮鬥不懈的個性；尤其他曾在成大服務多年，受吳京、夏漢民、黃廣志等前輩的啟迪很多，具備成大人獨立、踏

實、不虛浮的特質。據說李金振讀到博士學位時，已年過五十歲。

　　前教育部長成大校長吳京本來就是點子王，李金振做主秘多年更是發揚光大，他的腦子每天都在動，希望為金大創造歷史。

　　金大的校園建築很富創意。每棟大樓都有特色，令人驚訝的，這些都是短短幾年間完成。除教育部之補助款與金門縣府大力支持外，更受益於許多金門海外華僑之熱心捐助，黃進益、楊忠禮、陳開蓉、楊肅斌、黃祖耀、陳成龍、王振坤、黃章聯、陳篤漢、方水金、呂慶安、方耀明、李志遠、林國欽、呂冰霖都為金大捐獻，建成金大休閒管理學院、理工學院、人文社會學院等大樓；而設計、管理兩卓越的圖書館更多捐獻書櫃，胡璉將軍、周世輔教授、前考試院院長關中、考試院副院長高永光都捐獻了大量圖書，我也野人獻曝，捐獻兩千多冊設立專櫃，金大還在校慶日舉行贈送典禮。

費心尋找好學生
　　李金振校長深深體會「大學在大師，不在大廈」的真理，所以初升格大學不久，就在全球各地禮聘了丘成桐（著名數學家，現任哈佛大學所長）、杜維明（國際知名儒學大師、現任北京大學高等人文研究院院長）、鄭愁予（國際知名詩人），李奇茂（台灣著名水墨畫大師）、宋怡明（哈佛大學東亞系教授）、楊志良（前衛生署長）、吳清基（前教育部長）、李錫奇（國策顧問）、黃基礎（生物科學家）、陳振國（富士康科技集團IE學院院長）等為講座教授，筆者深感榮幸，也伏驥其尾，要經常奔波於台北金門之間。

　　金大了解要成為頂尖大學，要有第一流的師資與第一流的學生；馬

英九總統初訪金大時，允諾一次核定給金門大學一百名教師員額，許多大學的優秀師資都紛紛轉往金大任教，如周陽山。

金大102學年共有5個學院（理工、管理、社會、人文藝術、醫護）共17學系，14個碩士班研究生，並向博士班邁進。

金大現在專任教師127位，其中助理教授以上師資占95.5%，具博士學位者超過90%。

李金振校長贏得華僑捐助，於102年12月5日曾舉行高峰論壇，邀請各方名家討論，並在卸任前，先後成立閩南文化研究中心、博物館、兩岸和平研究中心、華夏傳媒中心、語言中心與金門大橋監測中心，以擴大服務發展並配合金門未來的地方治理。也顯示他治校的高度與前瞻。

除了優秀師資，金門大學也深知優秀學生的重要，所以費心尋找好學生。這就是世界各地名大學在向全球招手，募集的原因。學生努力上進，有求知慾、有工作熱忱，自然就奠定了成功的基礎。

小而美的招生法

得華僑捐助之便，金大曾發給每一位初入學的新生一部筆記型電腦，今年75級分（可錄取台大電機系）的台中一中學生黃建桐，放棄了台大，而改讀金門大學資工系。

他不僅獲得金門縣政府提供四年四百萬的獎學金，畢業後更可享受赴美國休斯頓大學，由知名科學家朱經武主持超導中心深造的機會。

朱經武曾在電話中關懷黃建桐並給予指導；黃建桐的哥哥黃建庭現在也在金大資工系念書。

金大還與清華大學合作。金大學生可以到清大修學分，並且在畢業

時採計其學分。此外，金大也與成大建立「教師聯盟」，這三所大學，名師如雲，學生都勤奮上進。

許多高分考取名校，而放棄願到金大就學的青年很多，盛況一如政大、文大。

在少子化的今日，多校有招不到學生的恐懼感，而獨有金門大學卻穩定成長，金大並不想大量擴招，而想走「小而美」的方向，有中央政府、華僑、金門縣政府對金大的大力支持，可為集天時、地利與人和。

歷史上，南宋大儒朱熹到金門籌備燕南書院，成為今日金大的發祥地；千年來金門自古文風鼎盛、人才輩出，歷代出了44位進士。

當金門由殺戮戰場轉變為繁榮商場；當金門由隆隆砲聲轉變為朗朗書聲，這是歷史的契機，也是金門的轉機，金門人有福了。

現在，任期17年的李金振今暑交卸職務，由同樣是金門子弟的黃奇接任。黃奇原是義守大學講座兼教務長，教育經驗豐富、充滿愛心，相信在他的帶領下，必能體會「創業維艱，守成不易」的道理，在金大崛起之後，更進一步使其發揚光大。創造另一波的金大奇蹟。

眾志成城 共創金大奇蹟

李金振 　國立金門大學創校校長

　　1997年，教育部長吳京院士徵詢、交代我一個不平凡的使命，為金門籌設第一所高等學府。這件突如其來的吩咐，對一位闊別故鄉長達二十餘年的遊子而言，真是天大的喜訊。誠然，從負笈台北到任教台南，這期間，真不敢想像將有朝一日能夠返鄉工作。

　　創校工作是何等神聖的任務，我何德何能，竟有資格肩負此重責大任。從奉命的那一刻起，「惶恐」就伴隨著我渡過未來的17寒暑。

　　很感謝國立成功大學夏漢民、馬哲儒、吳京、黃定加、翁政義等歷任校長，在我返鄉工作之前，進行長達16年的職前訓練。即早在1981年我甫從台大研究所畢業，恩師李國鼎教授把我推薦給夏漢民校長開始，不知是什麼原因，我很順理成章地成為了歷任校長移交清冊的一部分。很感謝，在成大擔任校長機要秘書和主任秘書期間，承蒙歷任校長將其治校理念和建校秘訣毫不保留地傾囊相授，我才膽敢答應這項離島第一所大學的籌備工作。

　　創校之初，於回金門途中，確有近鄉情怯之感；腦海中對金門大學的憧憬，期待是一所頗具書卷氣的大學殿堂。惟1997年7月報到的第一天，才發現眼前的金門大學，原來完全是一片空白，不僅沒有校園，甚至連辦公室也沒有。我們唯一所擁有的是一張教育部核定高雄科技學院金門分部准予籌設之公文。一所全新的大學就這樣白手起家。

　　從1997年到2014年，回顧這17年來，兼具辦學與創校的雙重任務。

之所以不以為苦，反而樂在其中。探討個中的原動力，源自於深刻體會到這種樂此不疲的愉悅，不是來自感官上的滿足；而是發自一種生命價值的肯定。自覺對自己所歸屬的母體有所回饋的飽足感，也找到了人生的真正價值。

談到這些筆記的由來，自然要追溯到創校伊始，籌備工作千頭萬緒，百事待興正是彼時校務發展的寫照。或許有人會問，百忙之中，哪有時間寫筆記？沒錯，每天的功課就是快馬加鞭地籌備設校與辦學之構成要件。洽辦的單位包括教育部、金門縣政府、金門縣議會、金防部、地主、以及校本部高雄科技學院，所在地分散於台北、高雄、金門等兩岸三地。數百公里地穿針引線，固然費時費力，惟每辦成一件事，就覺得距目標又拉近了許多。於是，每逢疲於奔命之後，或兼程趕飛機，當踏進即將關上機艙門的那一剎那，於慶幸及時趕上之餘，接下來就是我和金門大學的對話時間。

如何與金門大學對話？因為回金門的主要任務就是籌備設校與辦學工作，每天最關心的和最熟悉的都是為了金門大學，幾乎全心全力地全神貫注，簡直把金門大學當做一位有生命、而且活生生的一個對象，甚至覺得它知道我在為它做些什麼。準此，我們對話的方式，就是透過這本筆記，向它簡報一天的工作進度。進行的程序，首先訂定主題，並編定號碼，同時，註明日期，然後詳實地記載一篇約1000字的筆記。每天周而復始，成為我生活的一部分。

旁人也許不解，休息不好好休息，為什麼要如此辛苦地寫筆記？殊不知龐雜的業務擠在腦海裡反而不得清靜；數不清的擔子同時壓在肩膀上反而喘不過氣來。我把零亂的思維理出思緒後，把已定案的校務趁著

尚未遺忘之前，將之紀錄歸檔，腦海裡庫存的資料自然減輕。此外，已經辦妥的擔子不必與尚在進行中的擔子同時挑在肩上。透過筆記，加以釐清與區分之後，自然肩上有如釋重負的輕鬆。

所以這些筆記儼然成為伴隨我渡過創校過程的夥伴。17年如一日，合計完成了35大冊，合計3400餘篇。這些筆記，與其說是在描繪自己的省思與作為，毋寧說是為金門大學紀錄其坎坷的成長歷程。

最近常聽到有人稱讚本校的創校奇蹟，「在短短17年內，能迅速地從專科到學院，再從學院到大學。在資源欠缺的當下，能夠連續三級跳，被比喻為轉身跳投得分，真的屬害。如果沒有不死心的堅持和毅力，就沒有今天的金門大學。」這樣的恭維實在過獎了。在此，我要坦然地向大家揭開個中的面紗。其實，本校早在八百多年前就誕生了，只是尚未具體地呈現。今天，我們只是把這所已經既有的大學加以恢復而已。因此，我把本校的籌備性質，定位為「復校」，而不是「創校」。

為什麼說本校是「復校」而不是「創校」？大家一定莫明個中的緣由。君不見八百前宋代大儒朱熹曾前來金門創辦了燕南書院，帶動了金門文風鼎盛，從此人才輩出，歷代曾出了44位進士。這段歷史背景非常寶貴。準此，2010年本校改名為金門大學掛牌典禮的當天，於清晨破曉時分，特邀請朱熹第25世後裔、現任廈大校長朱崇實於燕南書院主持薪火相傳儀式，然後將聖火一路傳到金門大學，脈脈傳承的意義至為濃厚。國立金門大學正式誕生後，特於第一次校務會議的第一個提案，將金門歷代的44位進士，追認為金門大學的傑出校友。同時，敬請本校講座教授鄭愁予詩人為校歌作詞時，將之融入校歌中，讓一屆又一屆的莘莘學子唱出本校的淵遠流長。

由於本校發源於燕南書院，因此本校一誕生就很不尋常。17年來在逆境中快速成長，顛覆了一般人的想像，創下了多項耳目一新的神奇記錄。例如：

一、由二專晉升到碩士

　　汰劣換優是本校在科系所轉型的大蛻變。在科系層級上，首先由二專擠進了二技的行列，再增添四技的系所，進而轉型成為一般的學系。最後，再廢除二專及二技，留住學系和四技，設法增設研究所。如此以接龍的方式，很快地擺脫專科時代，如今已成為一所擁有5個學院、17個學系、14個研究所的綜合大學。此外，在班級數方面，由當初全校僅有8個班的規模，到現在已成長到超過100個班級，一般認為居住人口不滿10萬人的離島，有100多班的大學生，真的不可思議。

二、招生成績超好竟被罰

　　師生人數超過環保署的標準竟被罰金30萬元，其理由是本校當初在環境影響評估的規劃中，預估招生的目標是3000人。現在已逾4000人，依法應罰金30萬元到150萬元。有云壞事傳千里，這次被處罰的消息乃不脛而走。全國考生及家長都想知道是何原因被罰？答案是招生成績超好。

三、將不毛之地化為大學校園

　　有云：「置之死地而後生」，在校地方面，金門縣政府當初提供的設校用地，原是例代先民之墳場，後改為砲陣地，一度權充垃圾掩埋

場。這塊曾經不被看好而作低度使用的縣有土地，現在竟成為金門第一所大學的美麗校園。此外，配合校務的快速成長，空間隨之不敷使用。多年來，校園四周的縣有地已先後徵得縣府同意，鯨吞蠶食地併入本校發展用地。包括校園後側的國際學舍建築基地、西側原孔廟預定地改為本校的大型停車場、東側的健康護理學院預定地、以及前面的大學城區段徵收開發區等，都已經完成無償撥用的手續，假以時日將成為校園的一部分。同時，除校本部外，這些年來又取得了金沙校區和中山校區，成為本校的第二、三校區。

四、窮到發慌乃激發大興土木的勇氣

沒錢也能使鬼推磨，本校殊多重大建設，大多在窮得發慌的時候建造的。回想本校創設之初，教育部本來是計畫只蓋一棟綜合大樓打發。後來憑什麼又一棟一棟地蓋，陸續又興建了學生一舍、學人一舍、圖資大樓、理工大樓、學人二舍、學生二舍、餐廳、活動中心、體育館、游泳館等十棟校舍。教育部事先已把遊戲規則講得很清楚，各校能籌出百分之20的自籌款再來申請，否則免談。試想，本校在財政上早已出現三大缺口的窘境，俗語有云：「連生吃都不夠，更遑論曬乾。」對本校而言，教育部的要求著實強人所難。然而，潛能是從危難中激發出來的，上述11棟校舍，有六棟是在全球金融海嘯席捲全世界時興建的。在百分之20的自籌款尚無著落之際，先以教育部的補助款發包。直到2014年體育館、游泳館、活動中心、學生二舍等6棟建築已先後落成啟用後，其近2億元的自籌款卻遲遲尚未到位。有人好奇的問，沒錢沒人你怎麼敢潦落去。事實上，若有現成的「錢」和「人」，那我們還有得混嗎？

五、從落榜生到榜首

辦學的最終目的是得天下英才而教育之。本校創設之單純目的，旨在滿足金門農工職校之升學機會。俟擴增科系規模後，常為招不到學生所苦，報到率年年未達標準。最低錄取成績更是低於全國統測、學測之均標。如何脫困，乃號召全體教師總動員赴台進行招生宣傳。並決定採用治重病下猛藥之策略，一方面採「統統有大獎」策略，即借重郭台銘董事長美金百萬元的捐贈，大手筆地全面發給每一位新生，人人筆記型電腦一台。另方面採「搶頭香」策略，在拔尖方面，獎勵金年年居全國之冠。幾年下來，金門大學在國人的心目中，是一所福利最好，獎金最高的大學。果然吸引了很多聯考優異的考生。此外，在報到率方面，自2010年改大以還，已連續5年的報到率都破百。錄取分數更是節節上升，平均最低錄取成績已逼近學測的前標。2014學年度，更有一位考生，其學測成績達滿級分，為全國聯考的榜首，並已錄取台大電機工程學系，最後決定放棄台大，選擇金大。

六、將校園延伸到兩岸名校

套一句金門的口頭禪，「讓世界看見金門大學，讓金門大學走向世界。」具體的作法是，在生源方面，本校招生的主要來源，除金門本地生外，百分80學生來自台灣。此外，陸生、港澳生、僑生、國際生等近年來逐年倍增。此外，在學生的出路方面，透過姐妹校交換學生的管道，每年有260個機會得赴台灣的成大、清大、台師大、中正、中興、中山等15所頂尖大學就讀一學年。另外，有更多的機會得赴大陸北京體大、長安大學、四川大學、華中師大、南京大學、上海師大、暨南大

學、吉林體院等重點大學就讀一學年。同時,也吸收了兩岸大學的高材生來本校就讀。

七、窮到只剩下基金

本校之誕生,正逢國家財政最拮据的時候。因此,預算和員額編制均跟不上校務成長的腳步。譬如:金門分部爭取獨立設校,是在不增加預算和員額的前提下還可以考慮,否則免談。接著本校原有4個二專升格為四技,同樣以不增加預算和員額為前提。甚至本校由學院改為大學,也事先聲明不增加預算和員額。綜觀本校的成長,是在又要馬兒好又要馬兒不吃草的矛盾狀態下過關的。在青黃不接之際,幸有旅居東南亞的僑領、赴台發展的金門鄉親、企業家、社會熱心教育人士、以及本校同仁等及時伸出援手。捐資興學之義舉,合計逾新台幣1億元,已存入卓越發展基金。尤其,金門縣政府更是大手筆,除提供本校每位學生每年14000元就學交通津貼外;並成立基金和提供各棟校舍工程費的自籌款。十餘年來,合計逾新台幣10億元,已存入建校基金。這樣在中央政府力有不逮時,由地方政府及海內外民間補位的創校奇蹟,不僅是金門前所未有之首例,恐怕亦是全國所罕見。

綜合以上有關本校校務發展的特色,幾乎每一項校務的創舉,都是從零開始,其過程,都是從失敗中拼出來的。直言之,其代價就是不死心地埋頭苦幹。同仁均能朗朗上口我的一句口頭禪,「人家都說一步一腳印,我們卻是走一百步也看不到腳印。」大多是原地踏步,能在山窮水盡之際,走出一條康莊大道,要歸功於中央與地方一條心的政策支持,以及海內外金門鄉親大家的眾志成城,在關鍵的時刻,出現決定性

的安打。

本校一路走來，顯示各項設校條件尚未到位之前，就急忙闖關，似乎每件校務的推動，都突顯與時間賽跑的急迫性。的確，本校雖有淵源於八百年前的悠久歷史，定位為「復校」的現代書院。惟在國際化的競爭浪潮下，本校的起步已遠遠落後於國內外各名校。於是急起直追、迎頭趕上成為本校17年來的工作指標。深怕稍縱即逝。這種場景，猶如沿途一路闖綠燈。

飲水思源是此刻我的心情世界，透過本書感謝所有對本校創校、建校有功的推手們，是我報恩的唯一管道。

假使沒有中央政府在政策上的堅持和在財政上鼎力支持的決心，本校連誕生都找不出名份，更遑論升格與轉型。

假如沒有高雄應用科技大學願意挺身而出，以借腹生子的方式先到金門設立分部，再以校本部的資源幫助分部成長，本校將無法由胎兒出生為嬰兒。

假若沒有地方政府、金門旅居海外的僑領、旅台的鄉親、以及熱愛金門的企業家和善心人士，在本校最需要的時刻助一臂之力，本校才得以成長茁壯。在此，容我將庫存17年的內心話誠摯地向您們致敬：「親愛的本校邁向成功之路的推手們，沒有你們及時地伸出援手，本校於青黃不接之際，早就失去急救的黃金時間。」

最後，最讓我感動和不捨的是本校的同仁，從開始就陷入比八年抗戰還多一倍的長期創校建校工作，用日以繼夜、汗流浹背來因應人少事多責任重的繁重校務。同仁中有帶著不敘薪的老公為本校校務挑燈夜戰拚到凌晨二點的，十七年來，同仁於奮不顧身、廢寢忘食、積勞成

疾、躬盡瘁之後，仍然前仆後繼，不達最後的成功決不罷休。這股精神
正是維繫大家在漫漫黑夜咬緊牙關的動力。無可諱言，在這些日子裡，
校園內外所有的話語，我全都聽到了。過去我無暇回應，現在我一併答
覆，「親愛的同仁們，多少年來你們愛之深責之切的每一句話、寫的每
一個字，全是為了這個學校好。因恨鐵不成鋼而情詞迫切，我完全能體
會和領略。老實說，沒有你們的努力和奉獻，本校不可能無中生有。猶
如一場球賽，你們個個都是不可或缺的得分高手。而我呢，以及這35本
筆記，充其量也只是記分員之於記分板。惟只記錄金門大學的總得分，
卻忽略了詳細記載每位球員的得分和助攻，但願大家從總得分中觸類引
申，能撩起一些共鳴和回憶。在此，容我90度一鞠躬，由衷地對您們致
意，謝謝你們的包容與犧牲。」

有云：「宇宙間的道理，都是先有事實，然後才發生言論。並不
是先有言論，然後才發生事實。」論述本校的歷史，並不是史學家用筆
「寫」出來的，而是17年來全體師生以實際行動「做」出來的。有了具
體的事實，然而才能根據史實寫出歷史的新頁。因此，凡我金大師生，
我們的努力和付出，象徵著我們共同來寫金門大學的發展史。至於這35
本筆記，其意義微不足道，充其量也只是猶如每次會議總得有人做紀
錄。這些紀錄也許可以成為本校史料的一小部分。打從一開始，我一直
沒有付梓問世之規劃。惟晚近有殊多長輩好友得悉這些筆記之後，很驚
訝地指出：「這真是很珍貴的史料啊！能巨細靡遺地記載金門大學的生
平事蹟，恐怕也是絕無僅有。」同仁更是佩服我的毅力，主動將之影印
打字；其中崔春華專門委員及其夫婿符宏智老師，於百忙之中完成其中
的5本。其餘30本則由吳美娟秘書、李瑾珊秘書帶領工讀生利用空檔兼

程趕工，連校稿都要大費周章，足見其工程之浩大與艱辛。

　　特別感謝本校駐校作家李福井、邱英美賢伉儷，繼完成金大叢書1《金大崛起》魔法校長一書之著作與出版之後，再度以迅雷不及掩耳的高效率投入本書的編纂。同時，也感謝本校翁克偉前主任秘書、李錫捷教務長、李文良總務長、曾逸仁前研發長、李金譚前研發長、崔春華專門委員、符宏智老師、洪瑛鈞組長、楊樹清前駐校作家、鄭大行專員、楊志誠組長、翁宗平辦事員、吳美娟秘書、李瑾珊秘書、許淳婷辦事員、陳婷怡辦事員、陳思豪辦事員、黃銘鴻同學、林易翰同學等好友的主動協助，本書才得以依原計畫如期付梓。

　　本書限於篇幅，僅能從3400餘篇筆記中摘錄237篇。挑選的標準，旨在突顯本書的真正主角國立金門大學。其內容大多偏重於：(1)校務發展過程的關鍵性指標。(2)改變歷史的轉捩點。(3)校務發展的重要里程碑。

　　2014年8月1日，我卸下本校首任校長一職，象徵著我擔任17年站衛兵的角色已正式交班。此刻，也代表過去每天寫筆記的例行功課也隨之封筆。

　　今後是否有人繼續寫它，將不影響故事中的主角國立金門大學的存在及其光輝。它像一部永恆的列車，將繼續穩健地、快速地邁向未來，直到永遠！

向歷史負責！
──編纂源起

李福井　金大駐校作家

金門人重視教育，已經成為一種文化傳統。

有宋一朝，陽翟人首先發科，六個人先後考上進士，在那種窮鄉僻壤的時代，鄉民都以農耕為主，還能夠延師課讀，追求功名，不是重視教育怎麼會有這樣傲人的成果呢？

金門人有讀書的種子，金門古時候隸屬同安，在那個科舉時代，有所謂「無金不成同」之譽，可見金門人多會讀書，多重視教育，把同安一縣的科考成績撐了起來。

因此，福建沿海四島；廈門、金門、東山與平潭，古時候就有富、貴、貧、賤之稱。金門取得一貴字，大抵以金門人重視教育，歷代以來有44人中進士有關。

金門這樣的一個蕞爾小島，承平的時候，大家安居樂業，鑿井而飲，耕田而食，天高皇帝遠，有如世外桃源；戰亂的時候，金門常常居於戰爭的樞紐地位，被綁上鬥爭的十字架上，所以金門人的性格：和平時代出士，戰亂時代出將。可說人才濟濟。

從晚明的鄭成功舉兵抗清，到1949之後兩岸的分裂對抗，金門四百年來走入一種歷史循環套。金門是在戰亂的時候，才更能顯示出它的價值。

1949大陸風雲變色，金門首櫻其鋒，歷經了古寧頭大戰、93砲戰、823砲戰，然而金門還是挺住了；雖然戰亂頻仍，民不聊生，但是金門

人刻苦耐勞、淬礪奮發的本性仍在，所以能愈挫愈勇，守到雲開見月明。

1992年解除戰地政務之後，金門已然從戰地前哨轉型，社會開始鬆綁，兩岸和平互訪的潮流在湧動，金門有識之士開始發出呼聲，爭取在金門設立大學，起初也許大家並不看好，認為不可行，但是時代在變，潮流在變，政策在變，台灣教育普及化的情勢因應而生，金門因此搭上了這一波列車。

1997年首先成立高雄科學技術學院金門分部，從二專到二技，主要是以收容高職畢業生為主，只有一紙公文，一切因陋就簡，沒有校園，沒有教室，沒有宿舍，都是向人商借，慘淡經營。

2003年獨立設校，成立金門技術學院，經過大家不斷的奔走與努力，2010年再從技術學院升格為金門大學，其中有天時、地利、人和所串起的創校與興學的歷程，前後歷時17年，橫跨兩岸三地、南洋與世界各地。整個就是一部金門的變遷史，兩岸的演進史。

萬事起頭難，創始者遭遇的挑戰格外大，但是金門大學的成立，絕不是某一個人單獨的功勞，而是群策群力的結果，不僅要有中央政策的支持，地方政府財力的支援，海內外金門鄉親的力挺，才能畢其功於一役。

李金振因緣際會，剛好擔任創校者的角色，這是他的歷史機遇，他是土生土長的金門人，是戰後嬰兒潮出生的一代，經過戰火的洗禮與生活磨練的人，受到金門文化的薰陶，挑起金門人傳統重視教育、發展教育的擔子。

金門人一向刻苦耐勞，這是土地孕育的特性，都可以勞苦挑重擔。因此整個辦學與創校17年的歷程，李金振每天巨細靡遺的寫筆記，寫成

洋洋灑灑的35大冊，其中都記錄他所思所感，以及遇到問題及如何解決問題的整個過程，雖然原始而粗糙，但是卻是樸實而純粹，是整個金門大學從醞釀到成立的最忠實筆記。

一國不能無史，一校也不能無史。金門發展大學教育，要立足金門，放眼兩岸與世界，發揮金門地理區位與文化特性，不僅要可長可久，而且要可大可榮，使金門島嶼結合金大的教育，向世界綻放光芒。

讓金門走向世界，讓世界認識金門。金門大學的誕生，就是這一句話具體的體現。

因此，我們今天袞輯、編纂這些史料，是放眼金門的大歷史、金門大學的千秋萬世，為讓後世子孫了解創校者的苦心孤詣，以及它的時空背景與歷史環境，而不是專為某一個人表功。這是我們編纂者的認知、器識與高度。

這一書兩冊經過很短暫的時間整理與篩選，我們不多作雕飾，儘量保持它的原貌，集合很多人的智慧與心力，才有今天的成果，我們向歷史負責，也向自己負責。因此要特別感謝內人邱英美女士的規劃與協調，以及鄭大行先生、崔春華女士、符宏智先生、陳思豪先生與黃銘鴻先生等，從事繕打、校定、潤稿與搜集照片，才能在最短的時間內，呈現在讀者眼前。

金門大學正如旭日東升，有無限的發展可能，回顧金大創校蓽路藍縷，昔日的樹林，就是明日的儒林，希望後起之人，能夠瞭解這段歷史，所謂鑑往而知來。因此，書成之日，我人謹獻上祝福與謝忱，祝福金大校譽蒸蒸日上，遠近馳名；也感謝這一群工作伙伴，不辭勞瘁，刻日完成付梓。

目錄

轉換跑道，捨科大改選金大（2007-2010）

改大成功，苦心人皇天不負（2010-2011）

超越時空，完成跨世紀任務（2011-2012）

登高望遠，鞠躬盡瘁為斯文（2012-2014）

歷史紀錄，創校功臣登凌煙（1997-2014）

轉換跑道
捨科大改選金大
2007-2010

金門的抉擇

2008.7.20

　　任憑金門自古文風如何鼎盛，人才如何輩出，在歷史上曾扮演光復台灣和光復大陸的基地，但是，擺在眼前的金門，在國軍銳減下，除金酒一業獨大外，可謂百業消滌，惟諸多金門既有的先天優勢及世界潮流和兩岸情勢之運轉，對金門提供了千載難逢的契機，金門如何善加把握，就看當下之抉擇。

　　今天，成大馮達旋副校長自香港返回台南，立即與我通電話，他指出在香港期間曾與哈佛大學杜維明教授談了兩個小時，並已有幾項共識，第一，對馮副校長談到金門的發展極為感動與震撼。第二，願意出席九月份之高峯會議，第三，若為籌設朱子學院（有別於閩南學院），他也願意隨行赴南洋訪金門僑領。

　　7月16、17、18日赴澳門理工學院，住威尼斯人酒店，與江柏煒所長住同一間，三天聊了有關金門的未來發展，他說他在擔任金門縣政府景觀總顧問期間，曾建議要有配套建設。

　　此刻，鄭愁予教授曾向我提起大學島及輕軌列車，雷倩和周陽山曾在我車上談起金門之發展，現在正是時候，錯失此良機，再也沒了。

　　另外，海基會前秘書長黃怡騰曾在飛機上談起金門之土地政策和土地問題。

　　歸納以上之意見，金門之發展方向，大致有下列幾個重點：

　　一、學術的金門，以朱熹曾到金門講學為基礎，成立「朱子學院」，發展21世紀新儒學思想與華人崛起之支柱。

　　二、文化的金門：以閩南文化為基礎，輔之中原祭祖民俗，

2007年3月全體教職員合照。

加入福建省文化廳，整合物質和非物質部分，一起申請世界文化遺產。

三、僑鄉的金門：以金廈泉為閩南文化之根本，發展出400年的台灣文化及100年的南洋華僑文化，將之串成不可分割的閩南文化。

四、戰地的金門：50年來戰爭的實戰紀錄，比照法國之諾曼第及馬其諾防線、韓國之板門店，發展出金門之特色。

五、經濟的金門：以金門的地理位置之優勢和生態環境之美，一方面可發展在金廈生活圈扮演著互補之角色。同時，澳門作為中國大陸之賭場，每年2800萬觀光客之壓力，已呈飽和，若在中國大陸以外找一個類似澳門的地方，其有利條件是：一、非中國行政轄區，二、交通鄰近，最好可陸上或橋梁相通，三、土地之提供不成問題，金門有機會分擔澳門的一部分壓力，甚至取而代之，端看金門之取捨。此外，金門既有之特產，亦扮演極為重要的地位。

六、旅遊的金門：大學島吸引了大學生，已構成基本之消費群，慕名而來的文化、僑鄉、戰地等觀光客，加上賭客，以澳門為例，每年2800萬人，金門若以十分之一計算每年約365萬人，每天一萬人，大約要興建像威尼斯人酒店3000客房的規模，至少要四家。

以上論點，僅作為高峯會議之草案，作為引言或議題，重要

的是聽聽大師開講，具世界觀的人來從世界看金門。

    1.時間：2008年9月28日。

    2.地點：金門技術學院。

    3.主持人：鄭愁予教授。

    4.與談人：杜維明教授、龍應台局長、雷倩董事長、周陽山教授、賴明詔校長、李金振校長、陳東海校長、李炷烽縣長、謝宜璋議長、金防部指揮官、金門國家公園管理處處長、楊永斌校長、江柏煒教授、黃怡騰律師、洪允典議員、薛香川主席、陳福海立委。

金門技術學院校長李金振（右）主持金門高峰論壇。

改名金門大學，暗中使力

2008.8.2

　　依現有之規定，本校改名為大學，應向教育部技職司提出申請，經過專案評鑑、訪視、審查會議之後，若順利通過，最後之結果是科技大學。

　　然而，本校若要改名為金門大學，則務必先經過高層之政策宣示，才有理由變換跑道，到高教司申請。

　　2008年8月1日，蔡榮根理事長來金，約好下午3時，與李炷烽縣長討論「金廈特區」委託研究案之發包技術問題。

　　會中提及馬英九總統可能於今年8月23日來金參加823砲戰50週年紀念。李再杭局長表示行程已排定，恐怕不易更動。我強烈指出，本校改名大學是金門首要急務，何以未排入行程，殊為可惜，應設法調整。

　　2008年8月2日，周陽山教授來電，告知他日前與馬總統餐敘事宜，並表示可協助向總統府副秘書長轉達本校之需求。

　　我的看法：首先非常感謝周教授之貢獻，提供資料，將有助於馬總統對本校之了解，但馬總統對本校的支持，仍要經由法定程序，不可能逕下條子。其方法是：於823紀念日蒞金時，安排到本校圖資大樓剪彩時直接宣布金門技術學院改名為金門大學。

金門技術學院校長李金振（右）與馬英九總統（左）合影。

改大之舉，勢在必行

2008.8.18

行政院政務委員薛承泰（右）參加第2屆金門高峰論壇。

在兩岸軍事對峙之際，金門和廈門首當其衝，成為台灣與大陸之犧牲者。50年來，廈門因擔心金門的砲擊而不敢建設，使廈門市遠落後於其他省份之都會。如今，中共大規模投資廈門，一方面具補償作用，另方面也有兩岸較勁作用，現在的金廈，繁榮與落成形成強烈對比。與東西柏林相比，正好角色互換。金門之重大建設，舉步惟艱。這是中華民國之恥。以高等教育而言，廈門目前有2所重點大學，11所學院，金門只有一所陽春型的技術學院。兩岸在高等教育之發展，作為台灣窗口之金門，已經被廈門比下去了。

如何急起直追，迎頭趕上。當務之急，就是創辦一所像樣、有特色的綜合大學，這不僅僅與廈門比，金門之建設與進步，實在亟需人才。

　　在方法上，可善加利用金門技術學院11年為基礎。直言之，即以金門技術學院作為金門大學的籌備處，俟各項籌備要件已達標準，才正式掛牌。

　　金門大學之創設，不僅僅關係到金門人才之培育，也關係金門固有文化資產之拯救。是金門未來發展成敗之樞紐。

金門技術學院在校生赴機場迎接新鮮人。

解除戰地政務後的金門之省思

2008.8.19

　　1992年，金門解除為期長達40餘年的戰地政務，恢復一般地方自治的縣市體制，我1997年返鄉服務，所見所聞，盡是地方政府與各界民眾使命地向中央要糖吃，讓我不解的是：

　　一、中央難道不能主動地為地方打算嗎？

　　二、中央難道沒有一套整體國土規劃？

　　三、中央如何在兩岸錯綜複雜的互動中，善加利用金門、馬祖、甚至澎湖等台灣海峽中的鐵三角。

　　四、傾聽人民的聲音和需求是必要的，但解決問題的智慧和方法，則務必要仰賴萬能的政府，否則何必稱政府有能、人民有權。

　　五、以高等教育為例，若金門不使命去爭取，中央則以大權在握的姿態來審查你夠不夠資格，我們想看到的是一個有大腦、有思考能力、能考慮各地專業分工的中央政府。

　　11年來，本校陸續經營，校務發展蒸蒸日上，今年底將主辦全國大學校長會議和技專校院校長會議，依此形勢發展，本校發展成一所有特色的大學並不困難，只是近在咫尺的廈門大學，不知道中共是有意，還是巧合，傾全力地發展廈門大學的水平，好像不把金門技術學院比下去不罷休。

　　再說，金門與廈門相比，50年來曾是同病相憐，廈門為中國大陸擋砲彈，金門為台灣擋砲彈，而岸關係改善之後，如今之廈門，在中共大力的政策支持和資金挹注下，整個廈門猶如高雄市。而金門，仍是昔日的面貌。靠著自己的努力，竟然繳納給中

央的稅金高於中央給金門的補助款，這是很羞恥的事，對現代化文明的國家而言，這等於說出一個事實，即中央佔了離島的便宜。

金門從槍林彈雨走出來，中央未能即時地補位，猶如一位病人剛從加護病房出來，就叫他直接出院，未在普通病房先停留。中央這樣地對待金門，負責任嗎？

我知道馬總統剛上任不到100天，我並不怪罪您，以上之發言，只想利用此機會，共同來思考不一樣的立場、地位和看法。

從軍事營區逐步克服困難，建成今日的賢宮，要感謝高應科大黃廣志校長（左）、金門陳水在縣長（中）及軍方的支持。

馬總統裁示，改大露曙光

2008.8.24

馬英九總統（右六）多次蒞臨金門關心金門技術學院改大進度。

　　2008年8月24日下午3時30分，馬總統終於蒞臨金門縣政府，與金門各界舉行座談會，會中提案，包括本校改名為國立金門大學，總統請教育部代表周燦德次長回應。周次長表示，技術學院改名為科技大學，有一定的辦法，而改名為一般大學，其要求又不盡相同，兩者都有一定的作業程序。

　　總統立即徵詢技術學院是否有人在場，我得有機會說明金門的文化特質和改名為一般大學的理由。並肯定周次長的表現，此外，也感謝馬總統曾出席本校94級畢業典禮。

　　最後馬總統表示：

　　一、請教育部依據金門縣的特質和兩岸的特殊關係，配合地方的需求，評估改名為金門大學之可行性。

　　二、金門大學未來可以為國家做很多事，包括作為招收大陸學生來台就讀之試辦學校、金門縣未來發展之整體規劃及各項建設計畫書、台商人才培訓中心、台商子弟、台商進修機構。

學術交流，遠赴海參崴

2008.9.29

金門技術學院校長李金振（右四）與俄羅斯海參崴遠東大學簽合作協議。

依行程安排2008年9月23日下午由台北赴韓國仁川國際機場。因颱風來襲，原預定是日8時35分由金門飛台北再轉桃園國際機場。為求把握提早於22日搭末班機19時40分飛台北過夜。

2008年9月27日結束俄羅斯的訪問，下午自海參崴飛韓國仁川，夜宿機場花園飯店，次日到機場，始知台灣有颱風來襲，飛機停飛。

2008年9月29日再到機場碰碰運氣，很順利地準時於下午1時搭上自仁川飛台北之回程。

下午3時安抵桃園，手機故障，請傅崑成主任連絡秘書室，得知3時30分有班機，6時那班停飛。只好決定在台北過夜，次日一大早趕回金門。傅主任回桃園拿台北家的鑰匙，兩人分道揚鑣。

從桃園機場到台北之國光號班車，兩條路線任由選擇，一是往松山機場，一是往火車站。我遲疑片刻，決定往松山機場碰碰運氣，四時抵達，正好聽到廣播立榮航空金門開始補位。真的太幸運了。

為升格改大，整日奔波忙

98.7.22

　　本校申請改名為國立金門大學計畫書已於2009年6月26日備文報部，此刻，才是忙碌的開始。

　　2009年7月21日上午8時20分自馬祖飛返台北，與李錫捷教務長、崔春華專委等三人，先後於是日在教育部二樓周以順執行秘書辦公室會合，然後展開為期一天的拜會活動。

　　一、10時30分拜會立法院王金平院長，由院長室徐嘉隆秘書轉知。

　　二、11時～11時30分拜會教育部鄭部長瑞城、林次長聰明、呂次長木琳、何司長卓飛、陳司長明印、及江增彬科長等長官。

　　三、11時30分中國國民黨中常委賴調燦來教育部接我們，一

2006年8月22日與美國西佛羅里達大學雙聯學制首批交換生抵美，本校美籍教授漢貴恩博士（中）接機。

起到總統府拜會副祕書長辦公室主任李哲華，並接受午餐招待。

四、13時30分回教育部。14時30分赴台大醫院C棟15F探望台大校長李嗣涔。

五、16時30分赴台北市政府拜會吳清基副市長。

六、17時30分赴行政院拜會薛承泰政務委員。薛政委派車到台北市政府來接，並接受晚餐招待。

一天的行程，從上午6時在馬祖起床，到夜晚20時15分自仁愛路與新生南路交會口步行至福華文教會館，已接近21時，連續15小時的工作，未曾休息，全為了把事情做好，善盡本份的職責而已，是否有效，全然是做該做的事。

金門縣長李沃士（左二）、李再杭局長（左）、金門技術學院校長李金振（右）、行政院政務委員薛承泰（右二）赴教育部列席本校改大最後審察會議。

建體育館與宿舍，與委員舌戰

2009.7.31

　　2009年7月31日在金門有重要人物來訪，即李奇茂大師及行政院薛政務委員承泰同日來金。正逢教育部於是日上午9:30分在部內二樓215室召開工程審查會議。審查本校多功能體育館及學生二舍、三舍。

　　一、審查體育館時，余德銓委員指出，台灣有大學校院學生人數七、八千人，其體育館才蓋5億元，金門技術學院學生人數才一、二千人，也要蓋5億元，這樣不行，一定要減。

　　我說，體育館之球場有一定的規格，不因學校學生人數多，籃球場就大一點，本校學生人數只有他校的四分之一，難道籃球場也要縮水成正常球場的四分之一。

　　二、學生二舍，原規劃650床加1500平方公尺的餐廳。此外，為了因應未來五年內不可能再有工程經費，務必於2010年12月31日前發包。因此，我才提出學生三舍之申請，惟務必先取得土地才行。為了能如期開工，還是在校內找地興建較有把握，於是變更二舍由四樓變為六樓。

　　可是今天，余委員質疑本校學生人數才1600人，以百分之50住宿也不過800床，以現有一舍460床扣除，只要再蓋300床即足夠。因此，最多核定500床。

　　經過我舌戰諸委員，勉強鞏固本校之需求，最後核定多功能體育館4億9千萬元。學生二舍核定670床及1500平方公尺餐廳，工程費3億元。

校地發展，採區段徵收

2009.8.15

　　2009年8月13日上午10時，在內政部營建署城鄉發展分署台北市八德路二段342號舉行金門規劃大學城審查會。

　　與會審查委員提出之意見，歸納如下：

　　一、校園整體規畫宜納入區段徵收之需求範圍：其中優先發展區之使用細部設計宜詳細規劃在區段徵收細部設計中。

　　二、空間新思維，將大學城與本校校園融合，將校園中部分使用分區放在大學城。例如：宿舍、餐廳、休憩空間，不一定全放在校園，於是，大學城是校園的延伸。

　　三、擴校計畫書，就教育部之來文，針對本校已獲核准已開發14公頃校園，及已同意開發中的16公頃未來發展用地，合計30公頃，函請教育部予以確認，至於30公頃以上的擴校計畫，本校目前區段徵收，還在30公頃範圍內。

　　四、本區段徵收合計面積30公頃，其中僅提供本校3.12公頃，為了區區3公頃土地，卻勞師動眾地動員30公頃土地進行區段徵收，加上開發經費新台幣21億元，似有偏離主題之嫌。

　　五、(1) 公有地10公頃，可分到抵價地約4.2公頃。

　　　　(2) 私有地20公頃，地主可領回抵價地約8.5公頃。

　　　　(3) 公私有地合計30公頃，扣除抵價地，還有17公頃做為公共設施。

　　　　(4) 道路3公頃、綠地停車場2公頃，尚有12公頃。

　　　　(5) 12公頃加上公有地可分到的抵價地4.2公頃，合計16公頃。

2007年2月第三條聯外道路通往頂林公路預定以
校園邊界虎嘯砲陣地為起點（尚未開闢）。

  (6) 本校現有14公頃已開發地，加上本區段徵收取得16
    公頃，合計30公頃，符合本校奉核准定之校地面
    積。
  六、30公頃開發經費預估21億，平均每公頃7千萬元。如今
16公頃提供本校使用，需要開發之土地只剩14公頃，開發經費減
少為9.8億。

知其不可為而為之

98.10.15

今天利用出席內政部城鄉規劃分屬之便，受成大馮達旋副校長之託，推動「大學校長續任得延至65歲以後」之修法工作。

前清大劉炯朗校長，台達電鄭崇華董事長對此事至為積極。

他們打聽此修法之阻力是曹爾忠立委反對最激烈，馮副校長託我居中協調。

今天下午偕曹立委赴台達電與鄭董事長、劉校長會面，曹立委猛然知悉此趟之目的，並允諾回立法院翻案。

惟中午我拜見吳清基部長時，他認為此案涉及公務員任用條例，茲事體大，教育部很難同意，人事行政局也不會同意。聽畢，覺得此案並不樂觀，但還是做下去。

成大副校長馮達旋（右二）參加第二屆金門高峰論壇。

改大審查意見，擬定回覆策略

2009.10.29

2010年4月13日教育部召開98學年度專科以上學校設立變更及停辦審議會議。

　　2009年10月26日教育部正式來文，請本校針對審查委員之意見予以答覆，並於2009年11月26日召開初審會議時當面備詢。

　　本校回應審查意見的策略如下，請校內各行政單位和學術單位全體同仁，本乎下列原則答覆。

　　一、肯定審查委員之關愛與高瞻遠矚。

　　二、針對問題，以行動和具體可行的方法來回答，不做抗辯或理由說明。

　　三、要超越委員的境界，在廣度方面觸類旁通，環環相扣，完整的配套措施。在深度方面，要有短、中、長程之規劃。

　　四、有問必答，實問實答，不作虛答，亦不可不打自招。

　　五、與委員立於同一立場，大家一起來面對、解決、建設金門，我無所求，換個位置，你有何解決的方案。

改大理念，選擇挑擔子

2010.4.12

　　2010年4月13日，教育部召開學校變更審查會議，針對本校是否改名為國立金門大學，作最後的決定。4月12日，率同仁提早一天到台北準備。

　　改大工程是何等的艱難。其重要性，對金門的影響又是何等的關鍵。面對只許成功，不可失敗的壓力，出發之前，不斷地在心裡建設上調適一套可說服自己的強心劑。

　　一、金門該不該有一所大學，若認定為應該，則雖千百人吾往矣。

　　二、金門的優勢在那裡，有甚麼競爭力，值不值得開發？

　　三、閩南文化的代言人：金門是當今世界最具代表性的閩南文化地上博物館，可媲美於世界非物質文化遺產。

　　四、世界冷戰時期的最前線，可媲美於板門店，1950年美國總統候選人競選辯論會上，提到金門馬祖達16次之多。使金門揚名世界。

　　五、旅居南洋的金門僑胞數逾40萬人，其中不乏有成就的企業家。金門是中華民國各縣市中唯一與東南亞各國有血緣關係的地方，金門技術學院可以募到龐大的資金來建設大學，台灣160所大學是不可能從南洋募到一毛錢的。

　　六、籌設金門第一所高等學府，最終目標就是金門大學，這是創校之初就立下的努力方向，而實現的過程，則分專科、學院、大學等三階段完成。

　　七、1997年國立高雄科學技術學院金門分部時期，兼顧辦學

從學人宿舍遠望理工大樓。

與籌備創校之雙重任務，彼時，金門分部猶如工寮，金門技術學院猶如興建中的大廈。

八、2003年金門技術學院奉准獨立設校，我於第一時間宣佈：金門技術學院大功告成之日，就是金門大學開始籌備之時。於是立刻成立金門大學籌備處。此後，金門技術學院猶如工寮，而金門大學猶如建中的大廈。

九、人少事多責任重，這是校長黃廣志對金門分部的描述，由於編制不足，所以一個人當兩個人用，教學、研究之餘，不僅要兼行政，而且還要肩負籌備新學校之繁雜業務。我們每週三定期召開全體同仁分部會議，這也是為什麼全體同仁對校務如數家珍的原因。沒想到十三年如一日，成為本校的傳統。

十、本校是金門唯一的大學，教師員額編制不足，實無法因應日間部的課程。然而，金門長期也因為沒有大學，在職人員又不能赴台在職進修。所以金門分部創設次年，就迫不及待地設立了進修部，使師資不足問題更是雪上加霜。在這離島上，一方面有殊多中央駐金單位具高學歷的公務人員（如金門國家公園管理處，高等法院、調查處等）。另方面有數以千計等待進修的專科學歷以下的青年，本校乃扮演穿針引線的角色，把他們結合起來。各盡其能，各取所需，所以就地取材聘了不少位兼任教師。二技進修部實施多年來，目前具專科學歷的青年都已取得學士學位，二技完成階段性的任務，已宣告停招。

十一、中華文化一脈相傳，到了宋代大儒朱熹更是集其大成。今天我們所認知的儒學，很多都是朱熹整理出來的。

朱熹兩度來金門講學，奠定金門文風鼎盛的基礎，也造就了後世44位進士。因此，金門若與台灣各縣市比較起來，套一句現代語意，可算是資優生。雖過去半個世紀以來，金門忙著幫台灣擋子彈，資優生變成中輟生。這期間，台灣高等教育正蓬勃發展；相對而言，金門則壓抑其固有的優勢。如今要急起直追，始

發現各項條件都不如人。

十二、13年前，我們堅持金門是應該恢復他既有的優勢，我們12位黃埔一期的弟兄們，在高雄科學技術學院黃校長的領導下，在這曾歷經戰場而滿目瘡痍的金門島上建造金門第一所大學。當時，設校的條件甚麼都沒有。我們並沒有嫌棄金門之貧乏，我們認為對的事就應全力以赴。

十三、1992年，金門解除戰地政務，直接進入地方自治，因為缺乏轉型的調適和完整的配套建設。任其自生自滅。這種場景，猶如一位從加護病房推出來的病人，就直接叫他出院。本校之創設，旨在扮演金門各項建設的研發和人才培訓的角色，從而促進地方的繁華，這也是中央擬訂「一縣市至少一所大學」的教育政策。

十四、本校在金門分部時期，延聘老師極為困難。在學歷上聘了許多講師。在專業上，也聘了多位與新系領域不是直接相關的科班專任教師。這個問題到了金門技術學院的時代已完全改觀。目前每出一個缺，有數十位高學歷而且非常專業的教授，副教授前來應徵。全校絕大部分的專任教師，在課程上進行專業分工，極小部分未完全符合的老師，亦輔導其調整系所或發展第二專長。

十五、「再窮也不能窮教育，再苦也不能苦孩子」這是每一位金門旅居南洋的金門僑胞朗朗上口的名言。上一代已經吃盡缺乏專業而淪落苦力之痛，如今有了積蓄，乃傾家蕩產來辦學，過

去陳嘉庚是如此，今天，還有更多的陳嘉庚。

十六、「固若金湯，雄鎮海門」，這是金門地理位置之險要，過去為了駐軍之禦寒，研發了高粱酒。如今，每年繳交給中央的稅金超過50億。當然挹注金門縣政府的盈餘也逾50億。本校是金門歷任縣長的掌上明珠，每年補助本校之建設資金不勝枚舉。為了創辦金門第一所大學，本校與金門各界合作無間，猶如本校負責開支票，金門縣政府負責埋單。

十七、開放招收陸生，本校占地利之便，教育部亦在招生名額上給了離島殊多優惠，將來配合國家政策，逐步開發這項頗具潛力的資源。

十八、前成大教務長李克讓教授看了本校之後，很感動地說「山不在高有仙則靈。」確實本校能吸引了許多大師，不是因為本校之待遇高，鄭愁予教授，漢寶思教授，李奇茂大師，都是本校的講座教授。未來將有國際大師杜維明教授和丘成桐教授答應來本校講座。

十九、成大前校長馬哲儒來本校主持校務評鑑時指出：面對彼岸的廈門大學，我們不能輸，若輸了丟學校的臉事小，丟了中華民國的臉事大。現在已具備改大的要件，若以系與系單一對抗，金大不輸廈大，甚至勝出，本來更應趁勝追擊。

以最短時間，達成翻身目標

2010.1.11

　　國立成功大學之改制，自1931年創設台南高等工業學校起，1945年改制為台南工業專科學校，1946年再改制為台灣省立工學院，1956年改制為台灣省立成功大學，1971年再改名為國立成功大學。前後改制5次，從高工到專科到學院再到大學，經過四個體制，歷經多位校長，可謂一棒接著一棒，猶如四百公尺接力賽。

　　本校之起跑點是專科分部，2003年改制為學院，可望於2010年改名為大學。在學制方面，由專科到學院，再由學院到大學。在體系方面，則由技職體系轉到高教體系，是項大翻身。前後僅花了13年，比成大花40年才正式到位，整整少了27年。本校之改制過程，其實也算是一項接力賽，只是本接力賽從第一棒到最後一棒均是一位校長跑到底。任期17年，分別為分部6年，學院7年，大學4年。

李金振校長（前排右五）與其行政團隊合影於校長室。

初識丘成桐，專函致謝

2010.2.8

尊敬的邱成桐院士鈞鑒：

2009年10月27日，很榮幸有機會受邀參加晚宴，席間聆聽您對天才神童的見解，至為佩服。您在數學界之國際學術聲望，早已家喻戶曉，享譽遐邇，領導世界頂尖的研究團隊，誠是華人的光榮和驕傲。

金門這個地方，在歷史上有甚麼了不起的紀錄。八百年前朱熹在金門創設了燕南書院，是中國四大書院之一，比牛津大學還早十餘年。從此文風鼎盛，人才輩出，歷代出了44位進士。

金門在世界有甚麼知名度，1950年美國總統候選人甘迺迪和尼克森的電視辯論中，提到Qumoy

2010年6月8日數學家丘成桐博士（中）蒞校演講後，參訪太武山擎天廳。

（金門，用閩南語發音）達16次之多，使金門頓時擠進世界熱門新聞。

　　如今，金門位於兩岸特殊的地理位置，也是兩岸政府都很討好的地方，也最沒有爭議的地方。

　　正因為金門頂著這麼多非常不平凡的歷史地位，就歷史接軌而言，我們實站在歷史的起跑點。

成大副校長馮達旋（左）參加金門高峰論壇，受到李金振校長
（右）與吳美娟秘書（中）的熱忱接待。

升格改大，馮達旋強力支持

2010.2.18

　　尊敬的李校長：首先我以教育家和世界公民的立場，未受任何請託，主動地寫這封信，強烈支持貴校改名國立金門大學。金門大學之誕生，這是一個極為重要的時刻，不僅對金門、對台灣、對東亞、甚至21世紀的世界。

　　李校長，從最近兩年來我們幾乎每週在奇美咖啡館定期討論，密切地研商21世紀金門的發展藍圖，正因為我的新加坡背景更是深切感受到：無論天時、地利、人和，時機已經成熟，現在正是貴校做出重大決定的最佳時刻。容我分述如下：

　　在天時方面：從宋代大儒朱熹於八百年前創設燕南書院起，文風鼎盛人才輩出的金門一直不間斷地扮演中華文化傳承的角色，即使最近六十年來國共的對抗，那也只是極為「短暫」地中斷，猶如科學家常用一個區域局部最小值來描述這種現象。在我看來，毫無疑問地，此時此刻，審慎思考，與大力恢復金門輝煌歷史地位的重要時機，就歷史的重要性而言，擁有一所全方位的完善的一般大學是絕對必要的。

　　在地利方面：今天的金門是中華民國的一部分，享有自由民主社會的果實。就地理環境而言，金門與中國大陸近在咫尺，1958年823砲戰中，砲彈可以直接打的射程範圍內。足見其距離之近，因而在金廈大生活圈中有著重要且密不可分的關係。隨著21世紀以來台灣與中國大陸之微妙發展。金門無疑是創造兩岸雙贏的軸心與橋梁。為了充分發揮這項優勢。展現兩岸對等關係作為台灣面對中國大陸的學術窗口，擁有一所具體而微的一般大

成大副校長馮達旋，全力支持本校升格為金門大學。

學，實刻不容緩。

在人和方面：金門、廈門、台南是閩南文化的重要核心，而閩南文化又是中華文化極為重要的一部分。準此，未來的金門大學，與廈門大學及成功大學之聯盟與合作，將有助於中華文化的發揚與區域資源之開發，將是一項重大力量的展現。其中，同時隸屬於中華民國的成功大學與金門技術學院，目前合作之領域，已由文學發展到醫療，未來包括數理和應用科學等領域，將非常有機會合作。此外，有關人和方面，有一項非常重要而且往往被忽視的，就是金門是旅居東南亞各國的主要僑鄉，這些帶有金門血統和閩南文化的僑民在海外扮演舉足輕重的地位，這些為數可

觀的金門鄉親。在事業有成之後，仍念茲在茲地關心家鄉金門有朝一日能恢復歷史榮耀，成為經濟文教中心。正因為金門同時是中華民國、中國大陸、東南亞華僑的共同交會點，有太多大家期盼一起承擔的時代使命，更迫切地促使一所有特色的一般大學早日誕生。

若沒有特別的原因，任憑一窩蜂地搶辦大學是毫無意義的，從以上天時、地利、人和等三方面觀察，貴校改名大學誠是千載難逢的機會。我們知道在競爭激烈的國際學術舞台，能擁有天時、地利、人和中的任何一項，可謂機不可失。而金門大學卻能同時三者兼備，真是不可思議。

李校長，得天獨厚的有利條件已站在金門這邊。金門期盼發展出一所有特色的一般大學，時機已經成熟，這是全台灣160所大專校院中所沒有，也永遠不可能有的條件和機會。

時勢造英雄，回顧西元1920年，知名新加坡華僑陳嘉庚，目睹教育之重要，捐出所有的財富，以傾家之勢創辦了廈門大學。如今，廈門大學已成為中國大陸之重點大學之一。其學術成就享譽國際。此外，另一位成功的典範，西元1950年，眾所周知的新加坡華僑陳六使，眼看移民南洋的僑民無法接受華文教育，乃發起華人捐出勞力所得興辦了南洋大學，如今，已發展成為新加坡頂尖的南洋理工大學，是亞太地區一所卓越的研究型大學。

有云，登高必自卑，行遠必自邇。從當前大學的標準觀之，當初陳嘉庚和陳六使，草創廈門大學和南洋大學，無論是學術環

境、師資、設備、甚至財務，都遠遠達不到標準。事實上，在南洋大學草創之初，許多新加坡貧困的三輪車伕義務踩好幾個星期的三輪車來資助大學之創設。雖然其貢獻是微不足道。但是，他們的血汗、辛勞、淚水、還有那份知道知識的重要的用心，都是永垂不朽。其精神已深深地感動了數以百萬計的東南亞華人的心靈。

八十年前出了一位陳嘉庚，又出了另一位陳六使，更出了無數的三輪車伕，有錢出錢，有力出力，這種極大的熱情和遠見，成為今天在國際學術舞台占一席之地的廈門大學和南洋理工大學成功的最重要根基。今天的金門大學，雖是國立，但從李校長所帶領的金門技術學院全體師生的拼命精神和工作狂熱，實在比私立學校還私立學校的態度在辦學。

李校長，當金門在台灣、中國大陸、南洋等三角關係的地位仍屹立不搖時，全體金門人，（包括金門縣政府、金酒公司、旅台學人、僑領）以及國際友人（包括杜維明教授，丘成桐教授，劉全生校長，錢昫教授）都紛紛站出來支持。不想錯過這所在歷史和世界將肩負重擔的金門大學盡一份心力。再加上貴校領導人和團隊對於高等教育價值和影響的深刻認知，我確信，最後的成功一定屬於國立金門大學。

我很讚賞您的努力，並衷心祝福您努力有成，最誠摯的問候。

改大複審會議，先行外交運作

2010.3.19

得知複審會將於2010年4月13日舉行的消息之後，立即安排拜訪工作，首先第一站是教育部及行政院。

2010年3月19日清晨，起個大早游泳，用過自備的早餐，兼程驅車趕到尚義機場，搭8時35分立榮航班飛往台北。

依計畫，事先由吳宗器所長安排，吳美娟秘書再聯絡確定。於10時拜訪教育部吳清基部長，10時30分拜訪高教司林騰蛟司長。11時拜訪行政院陳德新主委。

這次事先準備了禮物是縣長贈送的十景套酒，及崔專門委員準備的校務簡報。

教育部召開複審會議，通過本校改名為金門大學。

其中，校務簡報中，特將最近之校務進展，尤其，校務資源之最新具備事實，列舉如下：

　　一、李沃士縣長捐贈3億元改大基金。

　　二、與縣議會達成2億元基金動支共識。

　　三、與金酒公司簽定全面、長期的產學合作。

　　四、與金門旅台學人聯署共創金門大學願景。

　　五、獲僑領楊忠禮捐贈講座教授三名，每名年薪美元10萬元。

　　六、獲旅美學人杜維明院士、丘成桐院士的來信支持。

　　以上具體事蹟，部長甚為滿意，吳部長對本校之努力，至為肯定與讚賞，一再說本校之改大，今年就給他通過。4月13日他將支持承辦人員營造政策的方向，屆時，再提醒他，或用簡訊通知他。

　　陳德新主委的回應是政策與技術區分，在政策上，原則通過，在技術方面，所有委員之意見均照單全收。陳主委願做臨門一腳之角色，在短暫的拜訪中，並共同完成審查意見之摩擬。

本校升格改制，教部到校訪視，可說關關難過關關過。

改大成功
苦心人皇天不負
2010-2011

金門大學掛牌籌備委員會草案

2010.5.1

一、主任委員：李金振

二、名譽主任委員：

　　吳清基（教育部部長）、薛承泰（行政院政務委員）、陳福海（立法委員）、李沃士（金門縣縣長）、王再生（金門縣議會議長）、楊忠禮主席（馬來西亞僑領）、黃祖耀（新加坡僑領）、張允中主席（新加坡僑領）、黃進益主席（印尼僑領）。

三、委員：

　　1.校內代表：教師、職工、學生、校友等代表。
　　2.金門各界代表：金門國家公園管理處、金防部、前立委、前縣長。
　　3.旅台同鄉會代表：
　　4.旅東南亞金門會館代表：
　　5.旅中國大陸金胞聯代表：
　　6.學術界代表：哈佛大學、香港科技大學、新加坡南洋理工大學、澳門大學、台灣師大、成功大學、高雄大學、屏東科大、建國科大、福州大學、東南大學、廈門大學等。
　　7.企業界代表：台達電代表、鴻海代表、世界出版中心代表、金酒公司代表。

國立金門大學

「國立金門大學」六個字，原來是李金振校長的父親李水院先生的墨寶。

四、顧問：

　　1.自評委員：黃秀霜、徐強、賴明詔、楊永斌、方俊雄、彭宗平、陳德禹。
　　2.訪視自評委員：夏漢民、馬哲儒、陳金雄、翁金山、歐善惠、李克讓、李士崇、田至琴、李茂雄。
　　3.金門旅台學人：楊永斌、李國忠、薛承泰、陳德禹、陳德昭、陳德新、蔡榮根、吳連賞、黃怡騰。

眾志成城，改大一舉成功

2010.9..2

　　2010年8月1日正式揭牌的國立金門大學，一誕生就立即展現銳不可擋的氣勢。

一、受到各界的重視

　　來自台灣的朋友議論紛紛，其中中國科大谷家恆校長向我說：「最近台灣各科大都很好奇，貴校是如何把技術學院改制為一般大學的？」這是代表台灣教界的態度。此外，大陸及海外友人，亦從新聞報導得知本校改大的消息，同時並得知僑領和郭台銘捐贈的新聞。總之，本校改名為大學新聞已轟動國內外，是同一年改名大學的各校中最受重視的一所大學。在知名度上，本校可謂未演先轟動。

二、先取得學位，再補修學分

　　若是單憑這次改名成功，就證明本校已經大功告成，從此可以高枕無憂，不用再辛勤辦學，那就太自欺欺人了。事實上，本校在改名大學的程序上，從改大計畫書和實地訪視、審查會議等等之表現，誠如高教司倪周華科長所示，「貴校是憑實力闖關成功的，沒有任何關說，是真正依實力通過審查的。」固然如此，然而從學校之規模，包括校地與校舍等各項設校要件，本校連最低標準的門檻，迄今尚無著落，例如宿舍還不敷使用。因此，本校之改名，實際上，本來還不成熟，還不及格，但評審委員深受本校之積極準備的態度所感動，於是先評及格，爾後再補足未達標準

2010年8月1日國立金門大學揭牌，「薪火相傳 淵遠流長」李沃士縣長、廈門大學朱崇實校長、李金振校長及地方長老於燕南書院點燃聖火。

之功課。

三、各項賀禮如雪片飛來

在2010年8月1日本校揭牌典禮當天，獲得各界高度的支持和捐贈：

首先代表中央政府的總統府、行政院、教育部宣布在未來五年內提供本校百名教職員額。接著各界所提供的教育資源，如雪片飛來，賀禮相繼而至，例如：

1.郭台銘總裁捐贈本校100萬美元。

2.楊忠禮董事長捐贈本校100萬美元。

3.董進益主席捐贈本校500萬新台幣。

4.陳成龍會長捐贈本校200萬新台幣。

四、發展機會相繼而至

1.陸生三法獲立法院修正通過。

2.政府鼓勵招收陸生，也要增加僑生之招收。

3.金廈成功之路已經成型。

4.金門成為台灣、大陸、南洋等金三角的核心。

5.富士康IE學院在金門設分校。

6.成大附設醫院在金門設分院。

7.與廈大簽訂雙聯學制。

8.赴南洋馬來西亞、印尼、汶萊等國，開設境外專班。

9.成大相關系所（工設系）表示與本校合作之意願。

10.福建師大協和學院陳慶元校長表示願幫本校在大陸招生每年200名。

11.浙江同濟大學表示願與本校合作之意願。

12..澳門大學趙偉校長表示願來本校訪問。

五、未來的發展方向

1.鞏固台生、從台灣爭取優秀學生

(1)日間部：核定550名，今（2010）年報到591名。

(2)進修部：5系250名。

(3)研究所：9所95名。

(4)轉學生：102名（99學年度）。

(5)馬祖分班：100名（99學年度）。

2.爭取陸生

(1)大學部本科：自100學年度起，每年招250名。

(2)研究碩士班：自99學年度第二學期起每年招50名。

(3)二技：自100學年度起，每年招200名。

3.推薦僑生

2010年8月1日本校正式揭牌改名為「國立金門大學」。

    (1)爭取南洋境外專班。

    (2)於馬來西亞、汶萊、印尼等國各開一班。

    (3)在僑居地讀二年，回校本部讀二年。

    (4)取之於僑領，用之於僑生。

    (5)兼辦僑鄉文物展。

    (6)舉辦在校生赴僑居地參訪活動。

4.在研究領域方面：

    (1)金酒之研發，重點突破。

    (2)閩南文化之研究。

    (3)跨國、跨兩岸之合作計畫等。

5.IE學院之創設，開EMBA或短期職訓

    (1)本校招生（台灣、大陸、南洋等各三分之一）。

    (2)富士康IE學院提供師資、課程、教材。

改大成功，苦心人皇天不負 2010-2011

陸生猶如本校之
嘉庚學院或民辦學院

2010.9.11

本校改大後，現有10系6所，100學年度，將成長到11系9所，學生人數就成長到3000人。

惟礙於總量管制，99學年度只核定550人，實際報到者已達591人，超過百分之一百的報到率，此外該年度新生，還包括進修部200人，馬祖分班100人，轉學生100人，碩士班65人，合計逾1000人。以上是國內生的部分。

2010年8月19日立法院通過招收陸生三法之修正案，自100學年度起開始招生。

一、本校招收陸生之優惠：

1.不受員額總量管制的限制，專案申請，採外加計算。

2.可同時招收研究生和大學部本科生。

3.佔地利之便。

二、國立大學下的民辦學院

1.比照私立大學之學雜費，比私立大學還有利，比國立大學夜間部有利。

2.在國立大學的基礎上辦私立大學，成本相對減半。

3.住宿生活費另計。

三、從兩岸的供需找到機會

1.從大陸招生，補台灣少子化的不足。

金門技術學院校長李金振（右八）主持金沙校區揭牌典禮。

2.從台灣聘專案教師，補大陸師資的不足。

3.金門居中，左右逢源，調節大陸和台灣的優勢，以有餘補不足。

四、未來金門的第一大產業就是教育產業

1.招收陸生，其總量以1000名計算，每年新生250名。

2.每名每年學雜費以10萬元計算，合計有一億元之校務基金收入。

3.在師資的供給面，增設5個學位學程聘25位專案教師，每年支薪合計2500萬元。水電300萬元、校務基金1000萬元、行政人員及雜支500萬元，合計4300萬元。

本校與富士康科技集團IE學院合作草案

2010.9.24

2010年9月23日拜訪廈大賴副校長虹凱及林瑞隆主任後，立即由廈門直飛深圳，赴深圳市的富士康科技集團IE學院拜訪郭台銘董事長，該IE學院院長陳振國親自接待並安排歡迎晚宴。與談者除劉副總經理外，還包括資深經理李永中、鐘景生經理、南華機構採購檢測中心張願耀專理（曾在金門當兵）。

此趟獲得進展，雙方達成共識和合作原則：

一、富士康科技集團IE學院（以下簡稱甲方）
　　願為本合作案盡下列義務：

　　1.參與課程的規劃和教材教案的設計。
　　2.提供實務課程師資。
　　3.提供教師研究與學生實習的機會。
　　4.提供金大畢業生擇優就業。

二、金門大學（以下簡稱乙方）
　　願為本合作案盡下列義務：

　　1.文憑的頒授。
　　2.基礎課程師資的提供和配合。
　　3.甲方台籍幹部之進修。
　　4.陸生畢業生供甲方優先選才就業。

基於以上之合作原則。雙方合作的方案，由近而遠，由隱而顯、由短而長，具體可行者包括：

1.短期訓練（非學分班——技術訓練、通識教育）。

2.專業訓練（學分班——上足18小時以上者）。

3.EMBA碩士在職專班，學雜費合計20萬元人民幣。

4.招收陸生，與廈大、成大合作。

5.IE學系之籌設。

6.本校教師赴IE學院研究。

7.本校學生赴IE學院實習。

2010年7月26日李金振校長（左二）偕洪集輝院長（左）、馮玄明館長
（右）拜訪郭台銘董事長（右二）洽談與富士康成立IE學院事宜。

本校馬祖分班的回顧與展望

2010.10.26

　　主旨：答覆曹立委爾忠質詢教育部有關本校馬祖分校未來獨立設校之可行性，詳如說明，請簽核。

　　說明：

一、依民國99年10月8日曹爾忠立法委員質詢教育部有關本校馬祖分班意見辦理。

二、現況與檢討：

　　本校馬祖分班於97學年度開始招生，首屆設有建築、食品科學等兩系，迄今三年。各項教學現況檢討如下：

　　1.在師資方面：三年來，依課程之需要，已聘6位專案教師。

　　2.在學生方面：實施三年來，學生流失嚴重。目前一年級100人，到了二年級只剩下56人，三年級更是剩下12人。其中馬祖籍學生合計3人，詳如統計表：

學　　系	一年級	二年級	三年級	合計
建築學系	50	28	5	83
食品科學系	50	28	7	85
合　　計	100	56	12	168

　　3.在課程方面：原規劃一、二年級在金門上課，三、四年級再移至馬祖上課。因為馬祖之教學空間迄今還毫無著落。因此，

決定繼續留在金門上課。

4.在財務方面：97學年度，馬祖分部開始招生，教育部補助開辦經費450萬元，惟98、99學年度均未再補助。

三、評估未來由分班到分校，進而獨立設校之可行性：

1.在馬祖方面：設校最重要的條件是校地，馬祖縣政府於98年9月2日函復：馬祖目前尚無閒置縣有土地可供設校之用。

2.在教育部方面：設校所需的科系、教職員額、校舍、設備等構成要件，均有賴報請教育部核定。

3.在金門大學方面：本校本乎金馬一家之情懷，協助馬祖籌設大學之相關事宜實責無旁貸。惟從金門到馬祖，務必從台北轉機，不符合經濟原則。

四、對於現有學生之因應措施：

1.對於馬祖分班三年來累計168位在校生，繼續留在金門大學接受教育，直到畢業。

2.在教育部尚未核准設立馬祖分校，或獨立設校前，馬祖分班原先奉准核定100名招生名額，暫依99年5月20日教育部召開金門技術學院改名大學後續業務移交協調會之決議，將之列入金門大學招生總量管制，代為保管。

3.俟未來決定設立馬祖分校或獨立設校，其馬祖分班原先奉准核定的100名招生名額，再由金門大學如數撥還予馬祖。

改大成功，苦心人皇天不負 2010-2011

跨世紀的創校特質

2010.7.11

　　有云：金門大學真是神奇，短短只花了13年，就大功告成。

　　是的，本校真的只花了13年就創校成功，但他却醞釀了800多年，早在西元1156年朱熹在金門創設燕南書院算起。

　　種種跡象顯示，金門大學有不尋常的成大器的條件，不平凡的氣質，是有長成大樹的架式，他註定是一所世界名校。

　　一、發源於八百年前的燕南書院，淵遠流長。

　　二、立足點比他校低，從基層開始，從樹苗種起，而不是直接以成樹的移植。

　　三、因為沒有設籌備處就招生，才能展現金門地區資源整合的實力，是一項要做大事前的熱身運動。君不見1997年8月2日掛牌，9月就招生、報到、開學。事事順遂如預期，是什麼力量促成，就是金門農工、金湖國小、金門高中、金門縣政府、金湖鎮公所等單位眾志成城整合力量。有錢出錢，有地出地，不分彼此地獻上自己所能做到的。

　　四、嘗試「專升本」模式設校，惟發現此路不通後，才想出替代方案。即由校本部各系在金門分部設分班，也就是設二技進修部分班。

　　五、不另增加年度預算和師資員額為前提，換取發展機會的核定，所留下預算和員額缺口，由金門縣政府、金門僑領立即補位，不能讓誕生的嬰兒就發育不良。

　　六、改科大挫敗後，山窮水盡似無路。改大成功，柳暗花明又一村。

2010年8月1日國立金門大學揭牌。

七、沒有保安林場被准予砍伐，那有校園的林相更新，現有原生種不讓外來種專美於前，中央政府林務局、地方政府林務所等專業單位拔刀相助，不費一兵一卒，植樹萬株。

八、校地之籌措工程，不是只有政府無償撥用，地主的廉價讓售、先民墾地之讓地興學，均不可忽視。

九、楚才晉用，不是人才流失，而是勢力的擴張，由本校培育出去的師資，在各大學任教者有：台師大、中興大學、虎尾科大、雲林科大、陸軍官校、成功大學、警察大學等大學，在政府

做事者有監察委員和國發院院長、金沙國中、金門陶瓷廠。

十、還有13年來不眠不休的革命鬥士，有您們的打拚，我才有向中央提出要求的信心與勇氣。

本校之創設，金門大學受到教育部、行政院，甚至總統府的高度肯定而核定揭牌，不是因為看到今天的好，老實說，今天的金門大學，只是具備發展之潛力，有與生俱來的條件，是其他大學不易複製亦不可替代者。而是看到明日的金門大學，將在世界學術舞台挑重擔。

親愛的全體老師們、同學們、同仁們！我們都是金門大學的細胞，多少年來，因著您們的努力，才能讓學校不斷地朝目標邁進。也因著您們的努力，讓您們家人多年來三餐無法按時開動。

最後，我要向甫於年初告別的先慈稟告：

親愛的母親大人：孩兒這13年來，在您的鼓勵與諒解下，我凡事盡力，沒有偷懶。金門大學在您出殯後一個月零三天誕生，您雖來不及看到，可是，我要向您表白，九年前，若不是為了不忍看到老人家每天孤單地住在金門等待我的下班，我已決定回成大歸建。孩兒有機會參與金大的創校工作，全是您的因素。

2010年8月1日金大即將掛牌，屆時，將有各地長官、鄉親、好友前來道賀，記得1997年金門分部掛牌時、2003年金門技術學院掛牌時，您老人家都高高興興地參加，可是今年8月1日，却再也看不到您的身影。

訪郭台銘總裁，答謝捐款

2010.7.26

　　2011年7月23日（星期五）得知郭台銘總裁透過永齡基金會黃南輝大使、賴明宏顧問等轉告，將捐贈美金100萬元給本校。是日下午，並再度聯絡，郭總裁要我下週一赴香港走一趟，立即派洪集輝、馮玄明同仁同行。

　　7月26日（星期一）依安排自中正機場飛往香港，於下午6:30順利見到郭總裁。

2010年7月26日李金振校長（右）感謝郭台銘董事長（左）以永齡基金會捐贈本校美金100萬元之資訊產品。

李金振校長（右）於吉隆坡丹斯里拿督斯里楊忠禮賢伉儷鑽石婚慶
祝餐會中，與郭台銘董事長賢伉儷（左）合影。

　　郭總裁指出，之所以對金門大學捐贈，主要理由有三，首先
是他於1972年曾在金門當兵，對金門有一份感情。

　　再者，郭總裁說，他和楊忠禮、王金平是很好的朋友，本決
定於8月1日一起到金門參加金門大學揭牌典禮，後來不方便去，
本來想由王金平院長轉送，人不去，禮總要到，由王院長轉交即
可，不要張揚，既不沽名，也不釣譽，記者既已知道，實出乎意
料，不料今（7月26日）天中午，教育部吳清基部長已對記者說
了。

　　此外，決定不去金門之後，對於捐贈之美金100萬元，有必
要當面討論，同時，藉此機會來富士康參觀鴻海IE學院。

　　捐贈美金100萬元之用途：

　　一、用於改善金大之網路電腦教學。

　　二、用最新的設備組裝電腦教室，提供相關課程學習。

　　三、以教育學術單位立場採購，可能比文教基金會有更好的
折扣。比較便宜，可買更多，總價款不變。

　　四、請胡執行長於8月1日前跑一趟金門，代為規劃。

成大、金大、廈大之校訓

2010.12.27

一、成大的校訓：窮理致知。

二、金大的校訓：真知力行，兼善天下。

三、廈大的校訓：自強不息，止於至善。

窮理致知，相當於真知，惟單知還不夠，尚需去做。力行不為一己之私而行，要為天下而行，於是有兼善天下。

力行不能只有五分鐘熱度，當效法天行健，君子以自強不息。

兼善天下不能只施小惠，要能永續地努力，不到至善絕不罷休。

圖中是李金振校長的長子李宗儒博士自美學成返國。

閩南語「過身」的意涵

2011.3.31

　　2011年3月2日星期一，昔日新聞中心助理邱珍玫寄一件音樂鐘，下午我從台南回金門，立即回電致謝，她談起「過身」的意涵和感受，頗有創意。

　　2011年3月29日晚上，又夢見內子，她正好洗完澡找衣服穿，以往躺在病床上的她每逢找東西，旁人看得很清楚，她卻看不到每個角落，這次我幫她找，確實沒找到，於是從別處找衣服給她穿。在夢中，似乎不覺內子已過世，覺得與生前沒有兩樣。

　　從2月20日迄今，內子的生前的生活點滴，在家裡的互動言行，都清晰如新，其精神長存，其對家裡的用心，對我和兒子的愛，對生命的珍惜，對神的敬畏，對飲食的熱衷，對美食的滿足感，對快樂訊息的開懷大笑，對正義感的震怒，對周遭親友的深交（高高手是形容護士打針的技巧高明），對救濟貧弱之慷慨，對失去親人的傷痛，對生活機能的熟練，對整理家務之徹底，對照顧家人的不遺餘力，對夫婿事業的投入，不麻煩別人的自我約束，有福同享的施捨，謙卑待人，這樣的理想伴侶，與我生活了36年，我卻以追求事業為優先，俟功名成就後再來享受榮華富貴，誰知道，在知天命（60）之年，事業接近高峰之際，內子的突然過身，頓時，讓原來之計劃打亂，享受內子的共鳴和笑聲，只能成回憶，內子的身體，隨著醫師開立死亡證明，而成為過去，這就是閩南語所謂的「過身」。

放眼民國二百年，
為金門大學奠基

2011.3.31

2010年8月1日本校正式揭牌改名為「國立金門大學」，
教育部吳清基部長（右五）與各界貴賓合影留念。

我領導金門大學的指導原則：

一、從民國二百年看今天的金大，希望民國200年是一所怎
樣的大學，現在就開始怎樣耕耘，從大處著眼，猶如贏得馬拉松
長跑冠軍。

二、金門大學從民國一百年開始招生：

2010年8月1日國立金門大學首任校長李金振（左）
布達，吳清基部長（右）頒授聘書。

第一屆參加大學聯考，志願排行榜很重要。

第一屆招收陸生，作為領頭羊的學校，我們不能輸。

為了爭取7月份招生之亮麗成績，從現在開始，以天為單位倒數計時，今天（2011年3月3日）只剩下91天。

三、既要規劃民國200年遠景的金大，又要爭取民國100年招生的金大，民國100年的金大猶如一百公尺短跑，配速要全力衝刺，而民國200年的金大猶如40公里馬拉松長跑，就不能猛衝，如何因應，也是考驗領導人的智慧。

競選與當選，權位之比喻

2011.7.6

本校從1997年至2010年，奮鬥的目標至為具體，全體師生一心一德努力的方向，就是為了達成獨立設校並升格的目的。

因此，資源之運用，動員同仁的理由，均很理直氣壯，力量集中在偉大的目標下，猶如總統的選舉，在競選期間，大家不分派系，努力的目標就是為了當選。

惟2010年後，創建金門大學的目標已達成，同仁努力的目標反而不如過去的具體。大家的注意力轉移到爭取自己的權位，猶如總統競選，當選之後，不免爭取入閣，於各派系之角力更為明顯。

殊不知，改大成功，才是工作的開始，要把金門大學定位為怎樣的大學，現在就開始播種，猶如總統當選後，正是實踐政見的開始。

金門大學的初級目標，時間表放在民國200年的金門大學。現在該做那些紮根的工作。

在方法上，以廈門大學為假想敵，計畫於民國130年迎頭趕上廈門大學，在技術上，以新加坡南洋理工大學為模仿對象，取法乎上，才能超越中級學府。

2010年8月1日國立金門大學首任校長李金振（左）布達，吳清基部長（右）授印。

六天內環繞
東海、黃海、渤海周邊大學一圈

2011.7.7

　　2011年7月6日，自金門赴台北，下午13時30分由桃園飛韓國，7月7日（星期四），由韓國飛往北京，7月8日自北京飛往上海，7月10日自上海飛往廈門，7月11日（星期一）自廈門返回金門。累計6天的飛行時數和里程數詳列如下：

　　1.金門→台北（星期三，100.7.6）316公里，50分。

　　2.台北→首爾（星期三，100.7.6）1450公里，2.5小時。

　　3.首爾→北京（星期四，100.7.7）947公里，1.4小時。

　　4.北京→上海（星期六，100.7.9）1178公里，2小時。

　　5.上海→廈門（星期日，100.7.10）878公里，1.2小時。

　　6.廈門→金門（星期一，100.7.11）9公里，30分。

　　此趟行程，正好繞著東海、黃海及渤海等沿海一圈，全長合計4778公里，飛行時間合計9小時。

　　完成下列任務：

　　1.與韓國誠信女子大學簽訂合作意向書。

　　2.與北京科技大學簽訂合作意向書。

　　3.訪問北京體大、同濟大學浙江嘉興學院、廈門大學。

　　4.訪問上海外國語大學附屬宏達學校、廈門六中、科技、松柏、廈門二中等中學。

　　5.訪杜維明院士，霍定文外甥。

　　6.參加北京科技大學主辦的兩岸大學生菁英論壇致詞。

猛進如潮，感懷殊深

2011.7.10

2011年7月9日李金振校長（中）率領主管同仁前往上海，
從事學術交流。

　　2011年7月9日（星期六）上午清早，趕飛機自北京赴上海。

　　抵達機場，袁遠主任帶著我們一行三人走遍各樓層停車場，
最後才在室外停車場找著接送專車，這是全世界最沒有效率、最
不方便的停車場。

　　抵達上海，立即驅車赴嘉興市，午餐設宴於浙江學院餐廳，
下午參訪宏達中學。

　　晚餐及住宿均在海洲大飯店，座落於海寧市，濱錢塘江，潮
汐是一大特色，　國父曾參訪並描述其觀感，提出「猛進如潮」
四字。即如潮浪般的突飛猛進。

　　2011年7月10日上午，參觀上海黃浦江，霍定文前來會合，
並一起參觀　國父故居，約1918～1925年間，這七年是國父與宋
慶齡夫婦定居之住所。國父曾對其愛妻提出對句：

　　　「精誠無間同憂樂，篤愛有緣共死生」。

招收陸生，要在敗中求勝

2011.7.11

　　2011年7月4日，台灣招收陸生放榜，本校錄取4名，距核定錄取員額73名甚遠。約18分之1，可謂慘敗。

　　惟失敗不能找藉口，宜找原因，找方法，尤其不能等。

　　2011年7月10日，自上海飛廈門，次日訪廈門第二、第六、松柏、科技等一級高中，這四校僅次於雙十、第一、外國語學校，列為次佳高中。

　　從教育局陳局長、林處長、六中莊校長、科技中學譚校長，二中謝校長、松柏郭校長及林南琦錄取生及其家長口中得知，今年招收陸生之所以不如預期，歸納下列原因：

一、網路報名：

　　1.許多考生找多位網路專家，操作一天，勉強完成。

　　2.採網路報名，其動機、目的，本是為了方便考生，免受往返之苦，卻反而適得其反。

　　3.如此浪費時間，讓考生及其家長心急如焚，還不如現場報名。

二、繳交報名費：

　　1.指定的銀行，考生不見得開戶具信用卡。

　　2.若採現金或匯票肯定更為方便些。

2012年2月17日李金振校長（右四）與全體陸生舉行座談會。

三、宣傳不夠：

　　1.有考生不知自己未完成報名手續，傷心欲絕。

　　2.更多考生詢問，可否再分發。

　　3.已放榜，還有台商詢問何時報考。

四、招生學校及名額之建議：

　　1.希望開放國立大學招收本科生。

　　2.建議放寬招生員額。

　　3.招生對象，希望不限六省市。

壽與國同紀念碑的構想

2011.7.14

金門的文化資產，早已享譽國際，惟歷史資產，却鮮人注意。

金門立縣於1915年。之前，隸屬同安縣行政轄區，其位階尚未達縣級單位。

今年，正逢中華民國建國百年，就其統治領土而言，行政轄區中，唯一建國百年，迄今未曾間斷者，只有金門和馬祖。蓋台灣、澎湖遲至1945年才加入中華民國。而中國大陸，早在1949年起，就脫離中華民國的管轄。是故，金門是中華民國年資最悠久的資深領土。

如何紀念此歷史資產：

一、位置：大學路進入校園的入口，圖資大樓前方的廣場，
原歡迎光臨的位置。

二、內容：

1.校名：國立金門大學校名；
旗桿：三根，每根高20公尺，中間21公尺。
2.紀念碑：
(1)金門地圖（含小金門）
(2)材料：100塊石頭組成。
意義：
(1)縣為地方自治之單位。

金門大學入口意象，背景是「壽與國同」紀念碑。

(2)地方自治者，國之礎石也，礎不堅，則國不固。

3.文字：

(1)正面書寫刻上《壽與國同》。

(2)背面記載百年來金門大事紀，每塊石頭代表一件大事，100塊石頭記載一百件大事，主題是建國百年，百事金門。

近朱者赤策略

2011.8.13

　　金門大學創校之初，尚未享有知名度，如何在最短時間內打開知名度，與名校相提並論，是一個捷徑：

　　一、金廈成功之路：廈大是大陸985重點大學之一，成大是台灣五年五百億頂尖大學之一。

　　二、大學自主治理方案：教育部宣佈成大與金大為兩所試辦學校。

　　三、哈佛大學丘成桐、杜維明等院士從美國到北京的路線是：美國→台南→金門→廈門→北京。

　　四、北京高等人文學院院長杜維明將金廈成功納入合作夥伴。

　　五、與清華大學合聘鄭愁予教授（100學年度第一學期借兩個月）。

　　六、與亞洲大學合聘楊志良署長（自100學年度起）。

　　七、以閩南文化為主題，結合廈大（大陸）、成大（台灣）、拉曼（南洋）等閩南世界，並與中華文化總會配合。

　　八、與東北亞海參崴遠東大學、沖繩大學、誠信女子大學、北美克萊姆森大學、西佛大、西喬大簽姐妹校，實施雙聯學制。

2013年6月24日李金振校長（左）率百位師生赴
長沙市湖南大學簽署合作協議。

得道者多助

2011.8.13

　　若創辦金門大學堪稱得道，這十四年來獲得的幫助，可謂如雪片飛來。

　　一、金門縣政府的鼎力贊助。（陳水在、李炷烽、李沃士等歷任縣長）

　　二、僑領捐贈

　　　　1.楊忠禮

　　　　2.黃祖耀

　　　　3.黃進益

　　　　4.陳成龍

　　　　5.王振坤

　　　　6.黃章聯

　　三、企業家

　　　　1.郭台銘

　　　　2.東華書局卓夫人

　　四、教育部長：吳京、林清江、楊朝祥、曾志朗、黃榮村、杜正勝、鄭瑞城、吳清基、蔣偉寧。

　　五、蕭萬長副總統說服亞洲大學蔡長海董事長合聘楊署長。

　　六、馬英九總統提供100名教師員額。

　　七、歷任高應大校長（黃廣志、林仁益、方俊雄等歷任校長）。

　　八、借用臨時校區，金門農工、金湖國小、仁愛山莊、金門高中。

李金振校長（左）向馬來西亞僑領丹斯里拿督斯里楊忠禮博士（右）報告校務近況。

2010年9月26日副總統蕭萬長（右六）蒞校視察。

自認微不足道的小人物

2011.8.18

1993年，我在成大升等為正教授，與內子散步於成大校園，很志得意滿地自訴：

一、我是一位農家子弟，能成為國立大學教授，人生如此，夫復何求。求仁得仁，此生無憾。

二、人生目標，既已如願以償，往後的日子，能有何作為，都是附加價值。

因此，在沒有壓力下，能做多少就算多少。而凡事全力以赴的本性並未調整。

人生的另一個高峰，大多在1993年以後締造：

一、在學業方面：

1996年考取台師大博士班，是年47歲。

2000年，以51歲高齡取得法學博士學位。

二、在行政職務方面：

（一）金門分部主任

1997年擔任金門分部主任，一任三年，兩任六年任滿，金門分部奉准獨立設校。因此，金門分部若未獨立設校成功，我也任滿不能繼續連任。籌備獨立設校，工作只好拱手讓賢。事情就是

李金振校長童年的住家。

這麼巧，我做到金門分部主任最後一天，金門分部功成身退，是故，我的任期與金門分部同壽。所以也沒有第二個人擔任金門分部主任。

（二）包辦本校學院時期校長

2003年，參加教育部主辦的甫創設國立金門技術學院之校長遴選，榮幸通過，當選為國立金門技術學院首任校長，任期三年，2006年連任成功，正好配合大學法修改，將大學校長任期一律改為四年。民國2010年，第二任期屆滿，正逢金門技術學院改制為金門大學。因此也沒有第二位金門技術學院校長。

（三）榮登大學校長

2010年，金門技術學院改制為國立金門大學，我榮膺首任校長，任期四年，至2014年，正逢任期與退休年限同時。畫上美麗的句點。

在1993-2011年這18年時間，我凡事不強求，尤其是校長任內，我本乎下列原則：

1.金門大學才是真正的主角，它是永恆的列車，將繼續馳向未來，直到永遠。

2.每位同仁、同學，都是金門大學不可或缺的細胞。這些細胞，透過新陳代謝，永遠青春活力，可媲美年年都是二十歲。

3.凡事由事實、事理、形勢來做決定，我只不過將事實釐清，將事理呈現，將業務順著事實和事理等形勢自然發展，不去干擾。凡是不成熟的條件，硬是強求，就是干擾。

4.為行政主管找到人人皆可為堯舜的公平競爭、水到渠成的舞台，凡是有能力者，必有表現的機會。凡是肯犧牲者，不怕沒有出口，寧願做牛者，不怕沒田犁。凡敢來扣門者，我必開門。

5.為同仁找到安身立命之處。願意把青春犧牲於金大者，必不在乎其待遇之高低，甚至從未考慮過待遇報酬之存在。有理想的年輕人，所想到的是我有偉大的作品嗎？我可以嗎？夠資格嗎？任憑如此傻勁，這是當事人的人生觀。但是，我作為他們的主管、首長，我豈能坐視不顧。

開源是根本解決之道，在大學自主治理下，能找到一套激發工作士氣、既能帶動大我發展，又能為小我找到勤勞所得，何樂而不為。

曹爾忠立委關心馬祖分班

2011.8.26

　　100年8月26日，為柯貞竹選中國國民黨中常委，電話向曹爾忠立委拜託。

　　曹立委順便關心有關本校馬祖分班事宜。

　　本校馬祖分班自創校以來，招生成績不理想，學生來源，隨著台北、金門考場而來自這兩個地方報考人數與錄取人數幾乎相近。

　　科系只設食品科學系和建築系，各設一班50名。

　　在師資方面，食品系和建築系各聘專案教師三名。

　　馬祖分班之創設，教育部徵求台灣各國立大學的意願，大家興趣缺缺。後來本校承接，係基於金馬一家，同屬福建省。事實上，金門到馬祖，務必從台北轉機，反而比台北遠。

　　惟本校接辦此教育部交辦之任務，看似吃虧，後來，教育部決定停辦，將100名學生名額併入本校，對於學生人數總量管制，反而有利。

「壽與國同」碑文

2011.9.2

　　今年欣逢中華民國建國一百年，海內外各界無不歡欣鼓舞地慶祝這偉大的歷史成就。

　　台澎於1945年才回歸祖國懷抱，而中國大陸於1949年淪陷，因此，民國元年到一百年，每天都飄揚青天白日滿地紅國旗的中華民國領土，只有金門和馬祖。為紀念此千載難逢的歷史資產，茲應國立金門大學李金振校長之提議，依據　國父：「地方自治者，國之礎石也」之遺教，用花崗石築成「壽與國同」紀念碑一座，以資紀念。

　　本碑文草案，於9月2日下午傳真予國史館館長室許秘書。

「壽與國同」紀念碑興建前的基地背景，原是「歡迎光臨」盆景。

介紹劉兆玄前行政院長
認識東南亞僑領

2011.9.5

為推動閩南文化節，中華文化總會長劉兆玄（前行政院院長）決定拜訪旅居東南亞的金門華僑，並要我安排拜訪對象及行程。

正逢開學前夕，去年底金門大學通過改名後，我曾率一級主管十餘位訪問馬來西亞、新加坡、印尼。當時，因募款不順利，內子麗媛還在電話中幫我加油打氣，表示次日拜訪黃祖耀主席一定成功，她將為我禱告。果然黃主席允諾捐贈新加坡幣100萬元。

距上次東南亞之行，約半年多了，利用此行，一方面完成閩南文化節之任務，並兼具下列任務：

一、答謝僑領之捐贈。

二、洽商尚未捐贈的僑領。

三、邀請僑界參加本校三個學院以「捐贈者命名」揭牌典禮。

四、與吉隆坡拉曼大學洽談交換學生及境外專班事宜。

此外，今（2011年9月5日）天上午8時35分在高鐵台北站遇見教育部高教司楊玉惠副司長，她提及教育部「文化獎章」，上次我向吳清基部長建議頒予楊忠禮、郭台銘、黃祖耀等三位，已有著落。

任期倒數計時，把握關鍵性校務

2011.9.5

今天（2011年9月5日）距103年7月31日，還剩下2年10個月25天，如何善用這1060天。目前已進入倒數計時。

把握有限的時間，務必把時間作選擇性的分配，不可能包山包海。

校長要做校長的事，否則，何必分工。那些是校長要做的事？簡單地說，就是關鍵性的校務。換言之，凡是能影響久遠的校務，就是重要的校務。也就是做2111年的金門大學該做的事。意思是2111年的金門大學，現在要做什麼事。期待2111年要怎樣收穫，現在就要怎樣栽。

一、校地：

    1.校本部鄰近的縣有地無償撥用，包括：

       (1)學生三舍(國際學舍)用地，已辦妥，亟待動工。

       (2)工業區。

       (3)學生一舍外側。

       (4)大學路外側。

       (5)區段徵收分配的土地。

    2.燕南山校區、浯江書院，向文化局接洽。

    3.公墓、賈村、中山林：向國家公園接洽。建青年旅館。

    4.金沙校區：取得經營權，將園區變為校區。

    5.金湖校區：與金門農工合作，共同開發農場。

    6.大學城規劃：大一專區、田徑場、國際會議所、成果展覽

2013年6月21日李金振校長（左）與澳門城市大學簽署合作協議。

場。

二、學院系所：

1.現有學院：人文社會、休閒管理、理工等三個學院。

2.未來擬新增設社會科學院、醫護學院。

三、師資：

1.員額分配：100員額

(1) 強化現有系所。

(2) 增加職員編制。

(3) 保留尚待增設系所。

2.新進人員額聘用：組成審議委員會。

3.新增員額人事費的爭取。

四、學生：

1.台生：50％（漸進由80％→50％）

2.陸生：40％（由1％→40％）

3.僑生、港澳生，外籍生合計10％（由2％→10％）

五、校舍：

1.已興建：

(1)綜合大樓

(2)學生一舍

(3)學人一舍

(4)圖資大樓

(5)理工大樓

(6)體育館

(7)學生活動中心

(8)游泳館

(9)學生二舍

(10)餐廳

(11)學人二舍

2.計劃再興建

(1)設計學院大樓（孔廟原址）

(2)田徑場

(3)行政大樓、實習大樓

(4)醫護學院大樓

(5)學生三舍（國際學舍）

(6)人文社會學院大樓（工業區）

3.總樓地板面積：目標10萬㎡

六、學校定位：

1.教學型大學

2.研究中心，前端性開展，來引導豐富的教學，以院為單

位，跨系所整合。找有研究能力的教授擔任召集人，未具能力者
加入，可培養其研究能力。

七、學校道統：

    1.史料的整理

    2.發展目標

    3.一脈相傳的精神

    4.文物之保存

    5.博物館

八、眼前的業務：

    1.壽與國同的興建

    2.副校長室的整修

    3.各學院的布置

    4.各學系的布置（包括教學、研究空間）

    5.紀念碑的興建

    6.金沙校區的景觀道路管溝

    7.四埔林場的規劃

    8.新校舍的設計

金大模式，原來是唯一

2011.10.9

2011年10月9日上午9時，舉行本校國父銅像揭幕典禮，由國父孫女孫穗芳女士親臨主持。

隨即搭12時15分飛趕往台北，再由清華大學校車轉往新竹，與國立清華大學簽訂合作協議書。

簽約後，與清大陳力俊校長、劉容生副校長、馮達旋副校長、陳教務長共進晚餐，劉副校長和陳教務長提起向教育部爭取設立印度華語推廣中心時所遭遇的困難，教育部林聰明政務次長提示可學習金大模式。

清大高層流行一股風潮，人人都知悉金大模式。晚宴談話中，又談起金大一路走來的挫折和因應策略，劉副校長接著補充，這就是金大模式一，還有金大模式二……。

席間，大家不約而同地認為，現在國內各學術界正流行所謂「金大模式」。

何謂「金大模式」，其意涵因人而異，不外乎下列印象：

一、金大獨獲馬英九總統核定100名教師名額，各校只有羨慕的份。

二、金大每位新生，人人筆電一台，各校也只有羨慕的份。

三、金大由技術學院直接轉型為一般大學。

四、金大有殊多化不可能為可能，統稱金大模式。

2012年兩岸清華大學百餘位教授在金門大學舉行
一年一度之年會。

當洛夫遇見鄭愁予

2011.10.13

　　2011年10月12日（星期三）金門大學校園出現了一個千古難有的景象，兩位當代偉大的詩人同時出現在金大。一位是洛夫賢伉儷，在理工大樓一樓專題演講，另一位是鄭愁予教授在綜合大樓中庭各系校歌比賽擔任評審。

　　鄭教授這學期借調清華大學，今天有課回來。正巧遇到洛夫首次來金大演講，兩人之巧遇，是本世紀第一回，50年前，他們相識在金門，洛夫結婚時，鄭愁予包了20元新台幣的紅包。

　　此外，另一個巧合，洛夫的太太與鄭愁予夫人均是台北女師專的同學，兩對夫婦均先後結婚於50年前的10月10日及11月11日。兩對夫婦各結婚50週年，是謂金婚，合計一百週年。

2011年10月13日洛夫（右）蒞校訪問與李金振校長（中）、鄭愁予教授（左）合影於校長室。

洛夫一首〈再回金門〉詩歌，李金振校長將之刻於校園石碑。

　　洛夫的詩，不是一般人可以學習的，但是詩是大家都能體會，把生活上的發現，用感情寄語於周遭的景物屬性，賦予生命力地表達出來。因此，人人均可為詩人，只不過不一定是一位有才華的詩人。

　　鄭愁予教授是本校講座教授，為本校校歌作詞。洛夫一首「再回金門」詩，很能打動曾經在這個島上遭遇各種相同回憶的人們的心靈。若有機會，校園要擇一處作為詩詞創作坊，將兩位詩人的作品並列，並提供空間給大家創作。

為金大付出，只是克盡本份

2011.10.16

　　2011年10月14日，洛夫賢伉儷假瓊林渡過83歲生日，有數十位文人雅士聚集一堂，其中不乏是金門籍的鄉親。席間，不分我認識或陌生，大家似乎對我還蠻熟悉的，從他們的眼神和語言，以及紛紛來向我敬酒，並交換名片，顯然對我創辦金門大學的努力，投給我滿意又感佩的一票。

　　2011年10月17日，第四屆世界金門日，台北同鄉會所發行的鄉訊，印製近三千本，其中已於10月13日由理事長王水衷先送二百本到金大。

　　這期鄉訊，特別以金門大學為主題，而且封面以我的照片為主角，內頁有25頁的篇幅，由李台山會長親自執筆，報導金門大學，猶如金大專刊。我擔心會搶走金門縣政府的光彩。

　　這樣對我的恭維，我誠是愧不敢當。原因：

　　一、籌備金大的創設是我的份內職務，我領薪水做事，是天經地義的本份，何功之有。

　　二、金門大學之創設，關鍵和決策的人物，不在我。

　　三、教育部的長官、高應科大的主管同仁等等，他們大多不是金門人，他們對金大的貢獻，說的每一句話，做的每一件事，都是功德。我是金門人，我若能做一點小小的付出，都是天職。

　　我的付出，是本職和天職，不足道也。

　　惟金大帶給我的榮耀，卻是任何投資所無法倫比。因為教育事業之投入和參與，比慈善事業還可長久。蓋慈善事業是針對貧弱之救濟，是一種消費財，是給「魚」的性質。而教育事業，

台北市金門鄉訊雜誌，以大篇幅報導金大，代表對於創校歷程符合鄉親期待的肯定。

是給謀生工具，是開發腦力和潛力，並提升人格和社會風氣，是給釣魚竿的性質。

再窮都不能窮教育，舉債辦教育，在所不惜

金門人流傳一句話；「再窮都不能窮教育，再苦也不能苦孩子」。

對這句話之解讀：

一、對個人而言，對窮困人家，有一種事不能借錢，就是借錢來賭博。但是可以借錢給孩子讀書。換言之，再窮也要借錢給孩子讀書。

二、就學校而言：最近有部分系所，反應教室電腦不夠，或座位不夠，部分課程，缺乏實習材料費，致影響教學品質。吾乃交待教務處教學資源中心，全面調查，徹底補足教學所需之設備和材料，舉債都要去採購。

學院之冠名，情法兼顧

2011.10.17

今年（2011）10月16日舉行第四屆世界金門日，正好在金門體育館舉行，本校乃利用此機會，舉辦僑領認養三個學院命名及揭牌儀式。

消息傳出，有人不以為然，隔天，教育部吳清基部長來電轉告：

一、有人有意見，對以人名命名事宜，持反對意見。

二、學院是高等教育領域，不宜任意改變。

三、感謝或紀念僑領之捐贈，可以大樓命名。

四、對高應大應懷感恩之心，另尋大廳命名，以資紀念。

準此，本校處於進退惟谷，一來請柬已寄出，二來，大樓牆上已刻上金字。尤其，向僑領募捐之理由，就是以學院命名為號召，如今已進入學校基金，若改變實不守誠信，甚至有欺騙之虞。

如何因應，誠傷透腦筋，解決的方法如下：

一、教育部的指示，宜百分之一百遵守，即完全遵守大學法之規定，絲毫不改變或傷及大學法之精神和條文。

二、學制絕不改變，即學術領域之名稱完全保留，從本校組織規程，到學則、到學生證、成績單、畢業證書，其學院系所名稱絕不改變。

三、為鼓勵並感謝僑領之捐贈，特於該學院之正門明顯處，寫上僑領之姓名，讓全院師生記得僑領之捐資興學之義舉，以達飲水思源之效。

這樣巍峨的大樓的冠名，寄寓海外鄉親捐資興學的典範。

四、學院冠名，其性質純屬：

1.榮譽性質

2.表揚性質

3.紀念性質

超越時空
完成跨世紀任務
2011-2012

把日曆調快一年

2011.10.21

　　我回金門籌備第一所高等學府，開始於1997年，當時學校尚未獨立設校，係隸屬於高雄應用科技大學的前身—高雄科學技術學院，全銜是該校附設專科部金門分部，我雖擔任分部主任，負責籌備一所全新的學校。然而，本職是分部主任，定位於專科學校科主任的位階，比系所主任低一級。後來金門分部增設四技，系主任的位階竟比分部主任高一級，之所以出現如此不符邏輯的現象，原因：

　　一、高應大人事室周淑華主任引經據典，將大專校院附設分部定位為二級單位。實際上，分部主任在全校組織系統列為一級單位，蓋分部內又設了許多科系，還有教、學、總、人事、會計等行政單位，若分部為二級單位，則系主任豈不是三級單位。

　　二、分部主任之職責，一般只負責教學、研究、服務等教育功能，分擔本部之業務。然而，金門分部實際上又兼顧籌備新設學校之業務，否則，金門技術學院是怎麼誕生的？

　　即便有上述不合理的待遇，我之所以雖不滿意也只得接受之原因：

　　一、曾經向校本部提出，但無效。理由是依人事主任的解讀辦理。

　　二、我回金門的動機，主要是為了做事。致於待遇，尤其是主管加給，對我而言，不那麼重要。

　　時間過得真快，金門分部六年，我正好擔任二任的分部主任。2003年，金門分部奉准獨立為金門技術學院。若晚一年，我

務必面對任期屆滿，辭去分部主任，也無緣肩負申請獨立設校之最後衝刺。反之，若提早一年，則以此類推，我將在64歲退休，而不能像現在正好65歲任期屆滿。

2003年，我當選為國立金門技術學院首任校長，依本校組織章程之規定，任期三年，得連任二次。換言之，若順利連任，最長可擔任校長至2009年，是年，我60歲，那是兩年前的事。

正巧，2006年，修改大學法，將大學校長任期一律改為四年，得連任一次。在法令修正前之任期不予計算。因此，我於

2012年6月22日第二屆學生赴富士康科技集團暑期實習，李金振校長（右四）接見勉勵致贈程儀。

2006年高票連任金門技術學院校長。2010年，第二任校長任期屆滿。

　　無巧不成書，2010年，本校改名為國立金門大學，我第三任校長正好由此起算。金門技術學院校長二任正好任滿。

　　2010年，我當選為國立金門大學首任校長，任期四年，到2014年止。屆時，我正好65歲。

　　回顧過去15年來，若大學法未修改，我於2003年就任校長，連任2次，合計9年，將於2012年屆滿，此刻（2012年）正是遴選下任校長的時刻。

　　由於大學法之修改，將校長任期改為四年，於2006年實施，正好第二、三任均由三年改為四年，無形中，增加了兩年的任期，2014年屆滿。並提前10個月改選校長，於2013年10月前進行校長遴選工作。

　　我的校長任期雖然可做到2014年，惟提早10個月前進行下任校長遴選工作，因此，我的最後一年任期，只是看守內閣，不能做重大的決策。因此，我把日曆調快一年是有所本的。

　　準此，我的任期本來還有三年，但扣除新任校長之遴選，應該只剩下兩年，依倒數時，截至今天為止，還剩下647天。（計算方式是兩年730天，扣除今年8月1日至10月22日，已過去83天。）

興建校舍，化不可能為可能

2011.10.23

2010年，全球爆發金融海嘯，政府為了解決失業問題，採擴大內需，創造就業機會，在高等學府方面，行政院要求教育部調查各國立大學，是否有即將動工的重大工程，可提前於今（2010）年年底前開工，以搶救失業率居高不下之問題。

彼時，總務長陳水龍教授向我報告，本校要提那一案，原則上，一校只能提一案。我在第一時間，毫不猶豫的交待，先提學生二舍。

因為構想書和規劃設計書，本校已準備好，放在學校多年，如今，機會一來，立即派上用場。

惟學生宿舍屬自償性建築，教育部規定不能補助。但本校學生大多來自台灣，對宿舍之需求，堪稱十萬火急。出現這種狀況，本校本來可再提其他案，只是宿舍需求太迫切。於是乃尋求解套。方法是，本校係新設大學，學生宿舍只興建第一棟，教育部對第一棟宿舍是准予補助。基於這一立足點，乃由此發揮。將學生二舍定位為學生一舍的第二期工程，屬延續工程，此理由一提出，本案才迎刃而解。

學生二舍獲得通過，可謂搭上第一班列車。教育部統計全國各國立大學年底可開工者，亦不過二十幾億元。我提議，這樣20億之工程來因應擴大內需，實不痛不癢，宜再徵求第二梯次。教育部隨即接受我的建議，本校才有機會提第二案，包括體育館、游泳池、活動中心等三棟。教育部認為他校連第一棟都沒提，金大卻一口氣提三、四棟，為了杜悠悠眾口，吾乃將三棟整合成一

2011年1月15日多功能健康活動中心新建工程動土典禮。

棟，定名為多功能健康活動中心。

　　由於第二梯次時間稍有耽誤，乃快馬加鞭，跑完教育部行政流程（審查），再送行政院公共工程委員會，最後回到行政院。時間已是12月初，月底若發包不出去，形同作廢。行政院承辦人員以為此案一定來不及，所以把公文壓了下來，我得知此消息，乃赴行政院拜訪薛承泰政委，公文果然一二天內核定。

　　如何在接獲核准公文，在一個月內發包。金門的重大工程，往往因缺乏勞工，發包時無人問津。加上工程費嚴重偏低，更是雪上加霜。解決之道，克服的方法不外乎：

　　一、為趕工啟用，加班工資高，於是施工成本自然水漲船高。

　　二、若工程總經費固定，為鼓勵廠商來領標投標，只好延長工期，對完工壓力較小。

　　本校多功能健康活動中心，屬於後者，不得已只好將工期延至2013年完工。

　　此案策略果然奏效，2010年12月底順利開標，目前已建到一樓綁鋼筋。進度落後不多，在掌握之中。

「壽與國同」紀念碑揭幕，
意義非凡

2011.11.5

今天（2011年11月4日）是本校創校九周年，改名大學二周年校慶紀念日，慶祝活動包括：

一、上午8時30分校慶典禮及迎新晚會前三名表演。

二、上午10時「壽與國同」紀念碑揭幕典禮。

三、上年10時30分校慶生日快樂切蛋糕。

四、上午11時金門地區殘障人士參加園遊會，並表演節目。

五、上午11時20分參觀本校各社團主辦的園遊攤位。

其中，「壽與國同」紀念碑之揭幕，意義重大：

一、位於本校校園之入口處。

二、第一排是「國立金門大學」校名。校名後是三根旗桿。後排是「壽與國同」紀念碑，由馬英九總統題「壽與國同」四字。由總統府國史館館長立碑文。

三、紀念碑後面書寫「建國百年，百事金門」，紀載金門自民國元年到一百年的一百件大事。

有記者質疑壽與國同之矛盾，蓋金門歷史與中華民國並非一樣百年，金門縣有千年歷史，中華民國只有一百年。而且日據時代，金門曾脫離中華民國政府管轄，被日本佔領。

本紀念碑係紀念金門擁有的歷史資產。即金門縣享有完整的中華民國體制、行政區、主權所及的歷史紀錄。猶如一位學者享有某個會員之完整資歷，並不表示該學者的年齡與該學會同壽。

致於日據時代，金門縣曾淪陷，被日本佔領。被侵略期間，

本國主權並未依條約割地賠款，而且最後是戰勝日本，是故短暫的被佔領，是被動的失去主權的行使。

「壽與國同」紀念碑，紀錄了百年金門的歷史大事。

百年好合在金大

2011.12.29

　　本校於2011年10月興建「壽與國同」紀念碑乙座，該紀念碑由馬英九總統題字，由國史館呂芳上館長撰寫碑文。

　　紀念碑之主旨，用於紀念金門與中華民國之密切關係，紀念碑前有三桿旗竿，中間升國旗，其意義是青天白日滿地紅的國旗在金門飄揚了100年，而台灣只飄揚66年，其前34年是飄日本國旗。中國大陸自1949年後改飄五星旗。

　　紀念碑背面刻上金門自民國元年至100件的100件大事，主題是建國百年百事金門。

　　由於有兩個「百」，因此是新婚夫婦拍攝婚紗照的極佳背景，在綠草如茵的圖資大樓前面廣場，以壽與國同紀念碑的背面作背景，其意義是：

　　一、兩個「百」代表夫妻感情百分百。

　　二、兩個「百」又代表新郎一百，新娘一百，新郎新娘百年好合。

　　三、以石製的「建國百年百事金門」作背景，代表夫妻感情堅如磐石。

前日本首相海部俊樹致贈櫻花百株。

一次只請求一事

2011.12.29

2011年12月24日～28日，由劉玉霞牧師所領導的台灣各縣市18位牧師經金門到廈門，準備與大陸各省的信徒領袖團聚，在金門停留期間，18位牧師同聲為金門大學禱告。禱告前，牧師問我想求什麼？

本乎過去經歷，每逢教育部長官蒞校，為了把握機會，在極短的時間內把本校所遭遇的困難，問題和需求，如數向長官傾述，期一次到位，把本校的請求一

一次只能做一件事，祈求上蒼能夠幫忙，使一切順利圓滿。

次滿足。結果因問題太多，模糊焦點，反而一事無成。

基於失敗的經驗，本校已改弦易轍，決定每次只提一案，集中火力，加深印象，向長官報告問題的迫切和可行方案，而且要準備一本報告書，以便讓長官回到教育部後，把報告書交給承辦司處去研究，事務才有了起點，往後再繼續追蹤，日漸成熟，成功之或然率相對提高。

準此，向主耶穌禱告請求，常常聽到眾信徒一開口，就快速地把心中的盼望在短時間內向上帝傾述，希望上帝都聽進去。效果如何，不得而知。

　　因此，我採取只向主耶穌一次求一事的原則，這次18位牧師蒞臨金門，是金門有史以來牧師聚集一堂人數最多的一次，把握此機會，我的訴求只選擇一事，此事為何？當務之急莫過於「平安」。

一、學生騎車交通安全平安。

二、同仁間和睦相處，校園平靜無怨怒。

三、校區內先民安息。

機車和腳踏車是本校學生的主要交通工具。

一年樹穀，五重意義

2012.1.24

「一年樹穀、十年樹木、百年樹人」，這句耳熟能詳的成語，大家朗朗上口的，常提十年樹木、百年樹人，鮮能提起一年樹穀。

何謂一年樹穀，意思是凡是穀類植物，包括稻米、小麥、高粱等植物，其生命週期就是一季，也就是在一年內，論如何種植、除草、施肥、細心照料，慘澹經營，其結果，仍在一年內完成生命的歷程。

在校園景觀工程中，對「一年樹穀」有紀念或啟示意義？我歸納起來，期達成下列目的：

2012年5月13日本校與台北市、新北市及金門縣等15所中等學校簽署策略聯盟。

座落於四埔林場榕樹下的本校講座教授漢貴恩石雕像。

　　一、達成勞動服務之作用，有一年在會議中，傅崑成教授建議在校園內，找一塊地給全校師生種菜。我答應了，並選在校長宿舍的西側，如今，該地興建了學人二舍。

　　二、讓同學瞭解什麼季節種植什麼作物，並知道種對了時間，種對了作物，註明其習性。

　　三、讓同學瞭解作物成長的過程，從播種、萌芽、成長、結果、收成等，每個階段都需要時間，既不能揠苗助長，也不是放任不理，並體會一分努力，一分收穫的道理。

　　四、珍惜生命，目睹作物的生命週期之全程，再反省自己，其實人生苦短。

　　五、愛惜資源，粒粒皆辛苦。

　　地點可選在安岐國宅那塊填土的新生地，大約有一甲地，可好好規劃。

蒔花種樹，誰知箇中辛苦

2012.1.24

　　一年樹穀，代表穀類植物，其生長週期是一年內，但十年樹木，並不代表林木的生命週期是十年，神木的壽命，有數千年者。木麻黃則五、六十年。為何取十年樹木，而不取百年樹木或千年樹木。

　　余以為，一般樹木，樹苗與穀類差不多，但樹植時，應想到十年後，當樹苗長成大樹時，其體積有多大。

　　成大勝利一舍旁，種了一排小葉南洋杉，1981年，我到成大服務時，看到這些樹日益高大，欣欣向榮，等到2011年底，我游泳路過，驚奇地看到這一排樹全被砍頭，原因是長得太高，已超過四樓屋頂。我想，當初種植時，認為距牆壁一公尺已經夠遠，沒想到十年後會太擠。

　　本校校園之綠化，於2002年搬遷啟用新校區後，先從種草開始，連花草都很難種活，更遑論種樹。如今竹木茂盛，該感謝的前仆後繼的不死心和各界的協助。

　　羅馬不是一天造成的，穀不是一天就能收成，樹木要等十年才確保其生命之穩定。本校校區使用迄今約十年，校園內的樹木，除元老級的六棵樟樹外，每棵樹都是新種的，如今應可確保其生存成長茁壯。心中的擔心應可解除，十年來之所以期盼下雨，就是感同身受地看到樹林草木獲得澆灌所帶來的喜悅。

十年樹木，要怎麼收穫，應先怎麼栽。

超越時空，完成跨世紀任務 2011-2012

放眼金大百年，現應怎麼栽？

2012.1.24

　　何謂百年樹人，就壽命而言，人們常以百歲為長命，所謂長命百歲、百年好合。

　　長壽者可百年，活到老學到老，所以百年的生命，每天得苦心經營。此處之「樹」應解釋為動詞。

　　本校自2010年改名為國立金門大學。我常勉勵本校全體師生，我們希望2111年的金門大學長怎麼樣，現在就要怎樣栽。

　　2111年，距今僅有一百年。一百年沒有多久。再二年半，我就退休，年輕的教授像林政緯、李宗翰等，他們才30幾歲，35年後輪到他們退休。同樣的，他們也以退休者的身份，去對待屆時30幾歲的年輕教授，如此三個回合，就接近百年。

　　學校是百年樹人的機關，一方面要為終身學習來設計百年的課程，一方面要小心謹慎來設計百年後之發展，更要慎始，要做對的決策。

　　正因為差之毫釐失之千里，所以今天的金門大學，做的每一件事，都影響到百年後的金門大學。

這樣的幼苗，那一天會長成大樹，成為國家的棟樑。

杜鵑花的啟示

2012.1.4

　　2002年，本校四埔林場校區啟用時，校區內祇有綜合大樓右後側的那六株樟樹，其他不僅沒有樹，連草都長不出來。

　　為了綠化，先求有，再求美。彼時，向林務局尋求支援，走訪林務所數遍，正好有現成的杜鵑花苗圃千株，在沒有其他選擇下，爭取時間，就先引進，種在綜合大樓前的大學路中間分隔島花圃上。起初，每株只有細細的一根莖，幾片葉子，花圃的紅土一覽無遺。後來，大學路西段兩側加種杜鵑花，李清瑞主任也要了一些花苗種在學生一舍前，靠近籃球場。

　　如今，十年了，校園內的花朵，最盛大的首推杜鵑花。每逢三、四月，正是開花的季節，每枝花幹不下百朵，校園內共有幾朵花？應該有百萬以上。

　　是什麼力量叫這百萬朵花同時盛開。外在的環境就是氣溫和雨量，但也要花本身的條件足以感受這些溫暖和滋潤，這是一種有感的植物。

　　杜鵑花每年準時於三月底開花，並且是百萬朵不約而同地準時報到，它們看不懂日曆，單憑與生俱來的本能和外界環境的條件。

百萬朵杜鵑花盛開，是地氣所生，有感的植物。

與金防部共創雙贏

2012.1.4

2014年3月5日金門大學與金防部策略聯盟簽約儀式，
李沃士縣長（右三）見證。

　　國防部為了精實計畫，將採募兵制替代徵兵制，未來，金防
部的國軍人數，將由現在的9000人減少到6000人。

　　在這6000人中，有1000多人是高中畢業，他們投入職業軍人
後，服役由10個月延長到六年，待遇也由目前的每月領6000增加
到4萬餘元。

　　如何與金防部合作：

　　一、首先是金門大進修部每學年招生250人，將可提供金防

部1000名新兵的進修機會，因此金防部可藉以宣傳，募兵的好處很多，除薪資大幅增加外，還可利用時間進修，服兵役6年，其中有4年在讀大學。

二、金防部每年招募1000名高中畢業生，將是本校生源的重要管道。

金防部和金大之合作，除了1998年將四四高地一、二營區提供為本校發展用地外，14年後的今天，再次的合作，已由創校之籌備條件之合作轉為招生的合作模式，階段性的發展，看出本校之成長過程。

四四高地（一）（二）營區入口。

開發大學城，土地問題最棘手

2012.4.8

　　2011年4月5日下午14時30分假陳開蓉會議廳舉行大學城特定區區段徵收說明會，邀請區內地主與會，這次說明會到底是第幾次呢？我也記不得，數不清，早在多年前，也是利用清明節地主返鄉掃墓的假日來舉辦，與會地主大多在三、四十位，這次至少近百位，出席人數中地主佔很高的比例。未來行使同意權時，有地主反應，應該以土地面積作為選票之分配，不宜以地主身份人數作為選票之分配。此意見言之有理，以土地重劃區的1000平方公尺為單位。

　　一、不足1000平方公尺者，以1000平方公尺計算。

　　二、超過1000平方公尺者，每達1000平方公尺，多一票。

　　三、有多人共同持有一塊農地者，每人都有資格，應予以尊重，合配一票。

　　這次大學城之規劃，我把構想多次專程赴內政部營建署城鄉發展分署召開會議討論，再經過多次來金門研討，大致已成熟，其特色：

　　一、縣有地先行無償撥用，其優點，可全數撥予本校，不必依區段徵收之抵價地只能領回42.5％。

　　二、停車廣場，位置放在金大正門之前方，可供本校人車分道之停車需求及金大夜市之停車使用。

　　三、商業區放在林湖路與環島北路之交會點，可吸引伯玉路之人潮和大學城相結合。以區塊代替沿環島北路路邊。

　　四、住宅區，以方正為原則，每條街道均可通往縣屬計畫道

路和金大校園。

　　五、設有小學一所，以滿足該區5500居民及鄰近不斷增加聚村農舍、套房新遷入之居民之需求。而且，該區有一所小學，生活機能完整，有利該區之土地增值。

　　六、將綠地改為運動場，提供居民、小學、本校等三方面使用。開放空間，與綠地具異曲同工之妙，同時，大家都注重健康，一舉兩得。此外，本校與新設小學不必再另闢運動場，可節省土地之重複投資。

　　七、商業區和本校之椰林大道，在本校正門前廣場會合，形成一個繁華的西門町。

　　依以上之特色，該大學城之規劃很理想，我很滿意，大多數的地主也滿意，有兩位表態反對的地主，不知他們的想法是什麼，土地之利用價值和社區營造，均大幅提升品質，為何要維持現狀。

　　再說俗氣一點，金門縣已成功地推出區段徵收兩案，最近山外之區段徵收，釋出之土地，每平方公尺賣到新台幣六、七萬元，扣除土地縮小為42.5％，每平方公尺還有2.975萬元。

　　其計算程式為：

　　一、區段徵收後，土地由1000㎡縮小為425，每平方公尺以7萬元計算，總地價為2975萬元。

　　二、區段徵收前，每平方公尺約1萬元，1000平方公尺合計1000萬元。

四四高地（一）（二）營區，正好座落於規劃中的大學城內。區內
公有地和私有地各半。

　　依上述計算結果，區段徵收後，地主每1000平方公尺，將增
值1975萬元。

　　對地主而言，是增值一倍，吾建議地主去詢問已實施區段徵
收之地主，問問他們，實施後是獲利還是損失，若獲利就投同意
一票，若損失就投不同意一票。

踏破鐵鞋，只招到四名陸生

2012.4.30

2011學年度起，台灣首度開放招收陸生來台就讀高校。

本校以離島身份，享有下列優惠：

一、員額不受限制：台灣一百多所大專校院，總量管制，合計只配額2000名，本校採外加計算，不受總量限制，當其他學校只能招收新生人數的2％時，本校得招10％。

二、全國唯一可招收本科生的國立大學：台灣各校，只准私校招收本科生。本校是國立大學，却特准既招研究生，又得招收本科生。

是故，本校於2011學年度，獲教育部核定，招收64名本科生及9名研究生，合計73名。

如此優惠，著實羨煞很多大學。為達成此目標，由校長領軍，到廈門各高中進行招生宣傳，又到福州教育廳、廈門市教育

李金振校長（右）與陸生座談。

金門大學參加在台大體育館舉行的大學博覽會格外受到注目。

局拜訪。此外，徵得廈門市教育局之同意，邀請廈門市十餘所一級中學校長來校訪問。

　　這樣地毯式的到第一線進行招生宣傳，一般以為勢必大獲全勝，滿載而歸。

　　未料放榜報到的結果，本校只招到4位陸生。這項挫敗，害得我一年來最怕被問貴校有多少陸生，甚至馬總統也多次關心本校招收陸生的情形。像本校這樣全力以赴，却得到這個結果，值得嗎？

　　努力未必成功，但不努力注定失敗，本（2012）學年度別無選擇，前仆後繼，本（4）月已跑廈門、廣州各一趟。

忍受多少挫折，才看到一次成功

2012.5.3

　　作廢、刪除、不算、從來、歸零、取消。飛機停飛、大霧停飛，即便有再多的失敗與挫折，日子仍是有效，日子並未因失敗而取消重算。

　　最近，從海外回來參加2012年5月1日至2012年5月3日在金門舉行的2012年世界閩南文化節高峰論壇，在眾多鄉親中，對金門大學在短時間內創設都覺得很神奇，也很驕傲，甚至對我讚賞有加，認為若沒有李金振，就不可能有金門大學。因為每任校長都重新開始，任期一到就走人，新上任的校長至少要熟悉一段時

2012年8月13日李金振校長赴新加坡拜訪，於金門會館轉致教育部銀質獎章，感謝李志遠昆仲六人捐資興學。

間，這樣斷斷續續，很難一氣呵成。這些評語，對我而言，真不敢當，實際上，十五年來，推動校務中，失敗者多，成功者少，大家看到的是順利的一面，沒有看到挫折的一面，以招收陸生為例，我們走訪廈門市十餘所高中，拜訪福州教育廳、廈門市教育局，金門同胞聯誼會等機關，也邀請廈門市教育局陳江漢局長率十餘所高中校長來訪，花了九牛二虎之力，可謂全力以赴，結果只招到四位陸生。

然而，若從結果觀之，教育部核定73個招生員額，最後我們只招到4位陸生，似乎我們很不賣力，一年來，我羞於面對這項挫折，然而，痛定思痛。下定決心，今年要更努力。去年的投入，猶如鬆土整地。完成鬆土之後，應立即播種，否則又荒廢，則鬆土豈不白費工夫。

金門大學體育館啟用前，綜合大樓中庭權充露天禮堂。

金門版的庚子賠款

2012.5.11

2012年9月5日兩岸清華大學與本校舉行校務發展座談會。

　　2011年5月11日，清大副校長馮達旋來電強調兩岸清華大學一年一度的年會，2012年決定移師到金門舉行。屆時將有百位教授參加。

　　兩岸清大的年會，與金大有何關係？

　　一、清大是滿清末年，八國聯軍打敗中國後，清朝依例割地賠款，其中美國分贓的部分，切出部分作為辦教育的經費，於是才有清華大學受惠庚子賠款的由來。

列強欺負中國，拿中國的錢補助中國，中國還得感恩他們。天下還真有此等事，但比起拿了賠款發展自己工業的日本，美國是有良心多了。再比起又要拿錢又要土地的俄國，就是痛恨也拿他沒辦法。

　　二、有件類似的遭遇，同樣被欺負，就是金門，國民黨與共產黨爭天下，卻拿金門當戰場。現在兩岸經濟繁榮，而金門仍是窮鄉僻壤。彌補之道，就是發展教育。以兩岸的清大，同為庚子賠款的受益者，共同為歷史的創傷，肩負部分責任，扶持曾為兩岸戰場的金門，發展高等教育。

　　三、兩岸清大會師金門的構想：

　　　1.日期：2012年9月初

　　　2.人數：約百餘位教授

　　　3.活動：

　　　　(1)兩岸清大聯誼會

　　　　(2)為金大把脈，召開諮議會議

　　　　(3)理工學院工程認證

　　　　(4)參訪

興建「國際書院」，時勢所趨

2012.6.16

　　為什麼要興建國際學舍？主要的背景和理由：

一、國際化之配套措施之一：

　　走向國際合作與國際交流，我們準備好了嗎？老實說，還早得很。舉凡英語授課的師資和課程，住宿問題等，本校均尚待假以時日，才能具備這些條件。

二、滿足學生的需求：

　　目前本校學生宿舍，只供應一年級新生住宿，二年級以上的學生，只有學生幹部或弱勢貧困生得以住宿，再有空位，則採抽籤方式處理。為因應未來廣招陸生、港澳生、僑生、國際生的需求，實有增建宿舍之必要。

2010年12月27日學生第二宿舍動土典禮。

學生三舍國際書院，已於2014年完成規劃設計。

三、從生活圈營造國際趨勢：

學生大部分時間在宿舍，從住的方面滿足其文化差異之適應，在國際學舍中創造異國文化風俗，提供各國飲食，或許有助招生。

四、未雨綢繆：

目前進行中的重大工程有餐廳、學生二舍、學人二舍、活動中心、體育館、游泳館等六棟，先後將於今（2012）年底和明（2013）年6月完工啟用。

此刻，徵選國際學舍建築師，有一年時間規劃設計，俟明年6大工程完工之日，就是國際學舍開工之時。猶如過往金門技術學院掛牌之日，就是金門大學開始籌備之時。

「金」字招牌，打響招生名號

2012.6.14

今（2012）年的招生文宣，除印製簡介之外，招生口號和吸引考生的誘因，遲遲缺乏主軸，招生途徑和團隊，亦缺乏有計畫、有組織的推動，形同烏合之眾，一盤散沙。

茲提出本校的優勢，作為文宣的中心思想。

一、國立金門大學，就是全國唯一「金」字招牌的大學

　　1.地方政府獎金最多。

　　2.華僑捐贈資金最多。

　　3.學生獎助金最多。

二、國立金門大學，就是全國唯一座落在海外的國內大學

　　1.唯一不在台灣本島的國內大學。

2011年1月17日與華僑大學合作簽約。

2.不必出國就可享受留學的好處。

3.中華民國面對大陸的學術窗口，是台灣高校具體而微的代表大學。

三、國立金門大學，就是全國唯一座落在國家公園的國立大學

1.整個金門國家公園就是一座美麗的大校園。

2.所有簽訂交換學生的國內外大學校園，都是本校廣義的大校園，無遠弗屆。

四、學習多樣化，跨校跨國的合作

1.金廈成功之路的活動視為校內活動。

2.近鄰的日本、韓國是本校交換學生的重點。

3.遠親的美國州立大學是本校交換學生的重點。

4.台資企業是本校推動實習的公司。

五、新生獎勵，蟬聯榜首大學

1.每班前五名，每名獎金10萬元。

2.就學津貼，每人每年1萬元，可連續領四年。

3.每年每生補助往返金門交通及圖書費4000元。

4.一年三節，各配售一打高粱酒，折現可獲利4000元。

5.僑領獎學金，金額最高。

鴿子的
「生育」與「養育」「教育」

2012.6.17

　　本校綜合大樓，鴿滿為患，解決之道：

　　一、委請承包清潔公司，清洗各研究室陽台及其他各陽台。

　　二、在研究室陽台加裝防護網，顏色和材質及施工位置是我的構想，完工後迄今，幾乎看不到網的存在，達成未破壞景觀的目的。

　　惟鴿子進不了陽台，仍徘徊於陽台外欄杆，甚至築巢於欄杆間隙。

　　大約四、五月間，有一天曾逸仁研發長，指著五樓建築系研究室陽台欄杆間隙有兩個鴿子蛋。不久，有一隻小鴿子誕生，全

2011年3月19日與福建農林大學合作簽約。

座落於四埔林場內的「青雲之志」，為九大公共藝術之一。

身都是胎毛，身體是蛋的好幾倍。我忙於公務，沒注意到這幾隻鴿子已誕生多久，總覺得怎麼突然間變成這麼大。

母鴿、公鴿輪番覓食餵養小鴿子，小鴿子每天停留在巢裡，沒東西吃，只能等待餵養。

小鴿子衣食足，羽毛也一天比一天茂盛光亮。但何時能飛翔，這是一大考驗。

第一次試飛，只許成功，否則從五樓摔下，不成功便成仁。而且只有一次機會，完全沒有經驗，不知道自己的實力，就要冒險嘗試一項陌生的挑戰。

尤其母鴿的判斷要準確，檢定小鴿的飛行能力指數要精準，這是關係到小鴿子的生命安全，不是開玩笑的，母鴿愛護小鴿子是何等地殷切，但要求小鴿子離開巢穴飛翔，是那麼果斷而謹慎，值得肯定。

轉身跳投得分，令人稱羨

2012.6.30

　　2012年6月17日，從金門搭船前往廈門，參加松柏中學考生及家長說明會。

　　次日，漳州師範學院專車來廈門迎接，途中臨時決定，加一個行程，若時間許可，就先順道拜訪漳州職業技術學院。

　　漳州職業技術學院在李校長領導下，校務發展蒸蒸日上，校園美侖美奐，校門對面又有一座王永慶捐贈的體育館，旁邊又加蓋一座運動場。校門右側臨馬路之校區已順利取得，左側與宿舍連接的天橋亦完工啟用，論各項條件，該校是福建省數一數二的職業學校，在全國一千多所專科學校中，堪稱是九八五工程的等級，可惜，卻遲遲未能奉准改制為本科。

2011年3月18日與廈門英才學校招生合作簽約。

座落於四埔林場的黃廣志校長石雕像，背景是理工學院大樓。

　　漳州職業技術學院李校長得知我順道去看他，他很高興地到校門口迎接，他對本校的連續改制成功留下深刻印象，13年內由專科升格學院，再由學院升格為大學，李校長將之形容為轉身跳投得分，言語間流露出羨慕的表情。

　　的確，兩校於合作之初，彼時，本校之基礎建設還不如漳州職業技術學院。如今，本校已改名為大學，而漳技院仍停留在專科，難怪李校長誇讚本校於成長轉型的過程，堪稱是轉身→跳投→得分，讓漳州技院不敢望其項背。

大陸同胞，綽號不脛而走

2012.7.1

　　1960年，823砲戰之後，我回到故鄉北山國小復學。上學沒有制服穿，乃以救濟品充數，由於不合身，所以被老師叫到升旗台去，對著全校學生說，這樣子的穿著簡直就像大陸上的同胞。沒想到，這一說，竟成了我的綽號。

　　家中8位兄弟姐妹，只有我一位有綽號，家人都叫我「ODYˇ」，村莊及同學們也都如此稱謂。

　　1962年轉學到金城示範中心國民小學，由於數學優異，被同學稱為「科學腦袋」，就讀金城國中，同學都以特徵來取綽號，我的特徵是小聰明，有策略有方法，同窗就以「智嘟」稱之。

　　高中時，我擅長於下課後，將老師的講解消化給同學吸收。彼時，不流行綽號，大概是小老師最貼切。

　　大學時，常當班長，班長成了我的代名詞。

　　台大研究所期間，最具代表性者，莫非是李國鼎老師，誤以為我是工友。

　　在成大服務期間，由於對老闆高度的忠誠，被同仁在教評會中指出：「李金振是夏漢民校長的狗腿子，但其研究論文寫得還不差。」

　　回想50年前所稱的大陸同胞，不僅僅指的是對岸的同胞，而是一個形容詞，指貧困的意思。

台生、陸生、港生、僑生，
生生相惜，其樂融融

2012.9.22

今（2012.9.22）晚19時，利用晚餐後，帶著內子遺愛人間的小犬（巧克力）散步於美麗的金大校園。正逢開學第一週的週末，校園顯得熱鬧許多。走到圖資大樓前，遇見林政緯館長。再走到理工大樓這一側，又碰見四位女學生，她們對巧克力很好奇、很喜歡。立刻蹲下來跟牠玩。

這四位女同學，有二位來自大陸，一位來自香港，一位來自台灣。從她們結伴出來散步，可看出她們一個星期來之相處愉快。更突顯兩岸宜多接觸，多交流，有助於彼此之瞭解，進而和睦交友。

今（2012）年，本校之新生，日間部797人，進修部275人，研究所碩士班95人，合計1167人。其中陸生21人，港澳僑生10人。在21位陸生中，分別來自廣東、福建、江蘇、浙江、上海等五個省市。

金門希望發展為大學島。除本校外，銘傳大學金門分部已經開始招生。首屆有兩系，合計25位學生，分別為陸生9人，台生5人，金門本地學分班學生11人。學生雖不多，但決心很重要，即便不敷成本，仍在所不惜地正常開班。

本校今年有55位學生借住銘傳大學宿舍。由於銘傳規定每學期住宿費11,000元，比本校8,000元多3,000。為實踐大一新生全體住校之承諾。本校洽借銘傳學生宿舍，學生比照學生一舍，只繳交8,000元，不足部分，由於學校補足，這就是學校之責任。

2011年5月8日馬來西亞拉曼大學訪問團蒞校與本校簽訂合作意向書。

2010年12月10日李金振校長率行政同仁訪問馬來西亞巴生雪蘭莪金門會館合影。

2010年12月11日李金振校長率行政同仁與馬來西亞柔佛州金同廈會館總會長陳成龍拿督夫婦合影。

有心曰忙，無心曰亡

2012.9.27

　　最近常聽到人說：「我很忙，你還好吧！」，講到忙，很少人自告奮勇地承認自己不忙。再怎麼門可羅雀，也裝著故作忙碌狀。

　　當被問到，最近忙嗎？這是口頭禪，你可以選擇笑一笑，然後回答，不忙不忙。

　　回金門16年來，鄉親目睹金大的快速成長，規模愈來愈大，學生報到率連三年破百。大家一見面都會語帶敬佩地說，你做得這麼多事，肯定忙得不得了。

　　類似問題，總是繞著一個基礎觀念，認為工作很多，做不完，形容這種行為就叫著忙。我卻有不同的看法。

　　一、「忙」字是由「亡」和「忄」組成，意思是心已不在，無頭筋、無思想，猶如無頭蒼蠅的亂飛，這樣的工作，即使工作量不大，亦是很累，疲以奔命。

　　二、反之，一位有心做事的人，隨時用心思考，有計畫地逐步完成每一個步驟，則工程無論如何浩大，無不指日可以樂成者也。

　　是故，不帶心做事，才叫著忙，誠是忙成一團。而帶心做事的人，則有條不紊，條理井然，工作量雖重，亦是樂在其中，所謂想了再做，何忙之有。不想就冒然狂為，則不僅白忙，而且盲從。

2011年4月19日李金振校長與各學院教師座談。

金門16年國教不是夢

2012.10.28

　　小時候曾聽說，科威特的兒童，都享有人人有機會上大學。大家都很羨慕，不必把時間集中花在入學考試的科目上，可以隨著自己的興趣，發展自己的專長，快樂享受學生時代的學習與成長。

　　今天的金門，聲稱要發展成為大學島，除本校外，並重金吸引台灣高校到金門設立分校，銘傳大學金門分部已於101學年度首屆招生。接踵而來者，有樹德科大。其他高雄大學也在金門設分班。假以時日，這個理想也許可以實現。

　　就現況而言，金門每年高中、高職的畢業生人數，合計約600人。扣除離島保送及成績優異自己在學測、統測高分錄取台灣各大學外，剩下的落榜生為數有限，依金門縣政府之財力，可與本校合作來解決。

　　在方法上，本校為國立大學，每年之招生員額依教育部總量管制，宜對全國公開招生，不宜圖利金門本地。因此，若要由本校來肩負起此任務，應循法定程序向教育部申請外加名額，增設地方專班。這是本校對金門縣的社會責任。也是回饋金門縣對本校長期的鼎力支持。

　　這項構想，一旦形成政策，則依政策訂定辦法，即可推動。其第一步就是對於在金門出生的每一位嬰兒，除發給出生證明之外，同時發給金門大學之入學許可證。

2012年6月7日教育部長蔣偉寧（左二）蒞校視察。

校務發展
—— 一路闖綠燈

2012.11.6

　　本校校務發展，舉凡校地的取得、學校名稱的改制、學院系所之增設與調整、學生人數的成長、校舍的興建、校務基金的籌募、校園之美化與綠化等，幾乎是驚險過關，稍縱即逝。猶如行車趕紅綠燈。遇到紅綠燈比較密集的路段，當綠燈亮時，是一連串的紅綠燈都一起亮綠燈。此刻，務必快速通過，否則，俟紅燈一亮，則非得等整排的紅燈不可。

　　另外，每次通過綠燈後，往往是一路同步綠燈。反之，若趕不上綠燈，俟紅燈一亮，則是一路同步紅燈。

一、在校地方面：

　　1.四埔林場——縣政府允諾無償撥用→私有地協議價購→墳墓遷葬→保安林場砍伐→整地雜項工程。

　　2.寧湖三劃593-18——測量→編地號→登記為縣有地→無償撥用。

　　3.金沙校區——協助規劃→協助免除監察院糾舉→無償撥用→整修→啟用。

　　4.中山校區——爭取認養→以南山營區向國家公園交換→無償撥用。

　　5.國際學舍——發現縣有地→都市計畫變更→無償撥用→徵選建築師。

　　6.工業用地——發現有私人計畫購買縣有地→出面抗議有效→提通盤檢討→無償撥用。

2010年12月12日李金振校長（右）率行政同仁親赴吉隆坡感謝楊忠禮博士（左）捐資興學。

　　7.孔廟用地──寧湖三劃593－17係由本校提出申請→其中有0.8公頃土地一度被私人違法登記，最後被本校阻止有效→期間部分私有地已由縣政府徵收→目前縣有地和國有地都完成無償撥用。

　　8.北一段111號──於大學城區段徵收前，先提無償撥用。

二、在校舍方面：

　　1.綜合大樓──構想書→工程費→規劃設計→先蓋前棟或先蓋一、二樓之抉擇→林清江部長的蒞臨金門→陽春型的結構體先完工。

　　2.學生一舍──范巽綠政次允諾補助構想書→杜正勝部長允諾補助工程費→基地地點避開壕溝。

　　3.學人一舍──以楊忠禮主席捐贈的2000多萬元為基礎→校

本部高應科大給分部獨立設校的嫁妝約2000多萬元→命名為楊忠禮園。

　　4.圖資大樓——教育部補助款二億元→金門縣政府配合款2000萬元。

　　5.理工大樓——起初以爭取興建實驗實習大樓為由→預算由1億8000萬元追加到三億元→增建三樓會議室→增建四樓普通教室。

　　6.學生二舍——中央政府為因應世界性的金融海嘯，採擴大內需增加就業機會→2010年底發包，否則作廢→徵選建築師，構想書將餐廳、學生二舍、研究生宿舍規畫為一棟→再由一棟變更為三棟→(1)餐廳(2)學生二舍預留斜屋頂之高度，將來可加蓋六樓。(3)研究生宿舍（變更為學人二舍，並加蓋停車場。）

　　7.多功能健康活動中心——2010年向教育部提出申請興建的建築，包括體育館、游泳館、活動中心等三棟，工程審查委員擔心他校一棟都沒申請到，而本校除學生二舍外，又加上這三棟，恐會引起眼紅。準此，乃將之合併成一棟，簡稱多功能健康活動中心。工程自2010年12月動工，預定於2013年6月完工。其中體育館於2012年11月2日上樑。

　　當初教育部通知各校，若有即將施工的重大工程，可提早於2010年底動工，原則上以一校一棟為限，總務長陳水龍向我報告本校是否要提，我第一時間就指示總務長，本校決定要提，至於會演變成今天的六棟，純屬見機行事。

三、學院系所方面

（一）學院

1.三個學群：

(1)1997年創校之初，勉強歸納為2個學群：

工程學群：營建管理、食品工程。

管理學群：工商管理、觀光事業。

(2)2003年獨立創校：向第三個學群邁進：增設應用外語系。有了人文學群的雛型。

2.三個學院：

2010年改名為國立金門大學前夕，本校已具有三個學群的規模。改大後乃遂將三個學群升格為三個學院。

3.四個學院：

2012年奉准將人文社會學院分為人文藝術學院與社會科學院。

4.五個學院：

2012年10月奉准於102學年度增設護理學系、長期照顧學系、社會工作學系及都市計劃與景觀學系。前三系另組成健康護理學院。

（二）科系之調整與改名

1.工商管理科：與財務金融科合併為企業管理學系。

2.觀光事業科：改名為觀光管理學系。

3.營建管理科：改名為營建工程系，再改名為土木與工程
管理學系。

4.食品工程科：改名為食品科學系。

5.資訊管理科：改名為資訊工程學系。

6.應用外語系：改名為應用英語學系。

7.運動管理系：改名為運動與休閒學系。

8.建築與古蹟維護系：改名為建築學系。

9.國際事務系：改名為國際暨大陸事務學系。

10.電子工程學系：未改名。

11.華語文學系：新設。

12.工業工程與管理學系：新設。

13.海洋與邊境管理學系：新設。

（三）此外，研究所之調整與改名

1.閩南文化研究所：最早的碩士班，唯一的獨立所。

2.中國大陸研究所：併入國際及大陸事務學系（學士、碩
士）。

3.島嶼休閒資源發展研究：併入觀光管理學系（學士、碩
士）。

4.防災與永續研究所：併入土木與工程管理學系（學士、
碩士）。

5.電資研究所：併入為電子工程學系（學士、碩士）。

6.運動與休閒學系（學士、碩士）。

7.建築學系（學士、碩士）。

8.食品科學系（學士、碩士）。

9.海洋事務研究所：將併入海洋與邊境管理學系（學士、碩士）。

10.語言與跨文化碩士班：將併入應用英語學系（學士、碩士）。

11.工程科技碩士在職專班。

12.事業經營碩士在職專班。

四、師資：（合計197名）

1.創校元年：每班配4個員額、二專4科，4×2×4=32名。（改四技、未配額）

2.增設資訊管理科：此後每班配3個員額，3×2=6名。（改四技，未配額）

3.增設財務金融科：3×2=6名。（合併，多6名）

4.增設運動與休閒系：3×4=12名。

5.增設應用外語系：3×4=12名。

6.增設國際及大陸事務系：3×4=12名。

7.增設電子工程系：3×4=12名。

8.教育部人事處來校訪視，加5名。

9.2010年改大增加100名。

以上合計197名。

分析：

1.以每班配3名，每系12名計算，102學年度全校17個學系，合計應配額204名。

2.截至今天為止，本校之配額，統計197名。

3.若以大學部而言，不足7名。但職員配額從缺。

4.惟研究所尚未計算，這是最大的缺口。

五、學生：

1.原則每新增科系，自然增班，均增加每班50名。

2.二專改四技，增加一倍學生人數。

3.進修部二技改四技，學生人數增加一倍。

4.馬祖分班2系，每系50名，合計100名，併入本校招生總量管制。

5.102學年度增設4個學系，只增加45名，尚缺150名，亟需補足。

6.研究生每增加1名，大學部必須減少2名，本校現有研究所碩士班100名，務必扣掉大學部200名，在職專班32名，大學部又扣掉32名。

捐資興學，成為學習典範

2012.12.17

　　2012年12月9日赴台北列席立法院審查100年度決算會議之前夕，搭下午5點45分飛機，湊巧與蔡其雍董事長同一航班，他和我的鄰座換位置，沿途相談甚歡，交換很多意見。我稱讚他事業有成，慷慨捐贈100萬元新台幣給金大。

　　蔡董事長高中時代成績欠佳，就讀高職，其前途不被看好，備受鄉親嘲笑。畢業後發奮為雄，如今，成為垃圾車大王，全台23個縣市百分之70的垃圾車配件向他採購。

　　當天下午6點50分安抵台北，蔡董事長堅持要請吃西餐，再繼續暢談到夜晚近9時。

　　對於董事長蔡其雍的捐資個案，得到下列啟示：

　　一、學生學習的典範：資金用得完，典範用不完。

　　二、恭喜錄取：因為捐資，除了掛匾之外，另附照片及生平事蹟，表揚其成功的事蹟和成就。因此，不是想捐錢都會被接受。因為要表揚其行為足以成為學生之典範，所以凡被接受，就是相當於被錄取。

　　三、這些捐贈者將成為通識教育之課程和教材，所有捐資者，都是教材的一部分，在課堂上公開發揚。

登高望遠
鞠躬盡瘁為斯文
2012-2014

校長兼郵差，限時專送

2012.12.16

　　有云：「校長兼敲鐘」，就本校而言，本校迄今尚無校鐘可敲，惟校長兼辦的事可多了，就以今（2012）年度教育部年度節餘款之申請而言，非校長親自跑腿不為功。

一、緣起：

　　有一天，我親自到教育部高教司拜訪倪周華科長，關心金門大學島區段徵收送審的結果，預外得知教育部有一筆年度節餘款亟待分配。

二、本校立即提報創設「基礎醫學實驗室」申請書

　　據倪科長指出，以圖書優先。惟本校於明（102）年創設康護學院，勢必採購殊多設院、設系、設備，一定會排擠明年度預算的分配，若今年能多買一點，定可舒解明年的財政壓力，於是指定康護學院籌備處執行秘書韓文蕙完成「基礎醫學實驗室」401萬元計畫書。

　　由於韓主任倉促完成計畫書，漏掉備文報部，我發現時，已是下班時間，而明天一大早就得趕第一班飛機親自將計畫書送到教育部。於是交待翁宗平秘書，並指示公文的寫法，於明天用電子公文和傳真的方式報教育部。

　　果然一切按計畫進行，此案最後教育部核定200萬元。

三、提報「康護學院圖書經費補助計畫書」

我將「基礎科學實驗室申請書」送到教育部高教司時，倪科長暗示，其實年度節餘款之申請，係以圖書為主。

我聽畢，返校立即請圖書館協同康護學院籌備處完成「康護學院圖書經費補助計畫書」並備文報部（文號101年12月7日金大祕字第1010014482號函。）為爭取時間，特利用到台北出差，親自攜帶計畫書及公文，於2012年12月10日到教育部收文室掛號。

此案是否成功，本校和教育部都沒把握，至少本校已奉准基礎醫學實驗室補助200萬元。

兩週後，接獲教育部於2012.12.24來文，指示同意補助康護學院圖書經費補助100萬元。

學生搭機赴台北轉往美國遊學之際，在尚義機場正逢李金振校長（中）送公文到教育部。

緊急後送之親身體驗

2013.1.11

　　平日，有學生車禍，嚴重時，務必後送就醫，金門地區民眾，病重者亦選擇後送。因此，一提到後送，就會為他們擔心。

　　2012年1月10日凌晨，睡夢中被心肌梗塞痛醒。輾轉反側，不見好轉，我還估算這次痛多久。未料痛到天亮還不止。決定到署立金門醫院，之所以選擇自己開車，當時的想法：

　　一、平時同仁都晚睡，清晨6點我去游泳時，校園很清靜，大家都尚未起床。

　　二、打119，警鈴響入雲霄。更是驚天動地，何況，我還得下樓開門。

　　三、我是全校師生的公僕，是為大家服務而設的，我為大家服務，大家為金大服務。秉持這個理念，能不增加大家負擔就盡量自己來。

一、署金急診室

　　到山外，把車停好，再走進急診室，先辦妥掛號再看診，最後躺到3號床。等到7點多，想到與李再杭局長約好上午8時一起拜見縣長，研商改大基金補助5,500萬元如何善後，於是打電話告訴李局長。不久，來探望的親友陸續接踵而來。同仁中有：洪集輝、伍添祿、翁克偉、李金譚、崔春華、黃惠菊、黃鴛鴦、李錫捷、陳建民、林政偉、王智盛、韓文蕙、劉佩怡、進修部助理等。親友中有：李金猛、李天送（及其媳婦）、李再杭。

二、署金加護病房

2013.1.10午後，從急診室移至加護病房。換裝後，接受各項檢察，抽血、量血壓、量心電圖、量心跳、量血含氧量，而且不許下床。整個下午雖然胸痛已消除，換來的是虛弱和胸前的空虛，並不舒服。

下午6時，是訪客時間，加護病房門口擠滿人潮，每次兩人進來探訪，一次兩分鐘，直到7時，還有很多人在等候，主治醫師講話了，為維護病患，探病應節制。來訪的同仁中包括：李金譚等上午來過。以及上午未來者：侯廣豪、俞劍鴻、鄭愁予、江柏煒、鄭朝安、李欣玫、陳棟燦、楊惠玲、黃嘉琪、邱凡芸、李宗翰、王靜怡、李瑞生、沈鑼志、紀博棟、盧政鋒、劉冠劼、許正中、曾逸仁、董燊、鄭庭豐、林本源、吳一德、李文良、黃仲凌、蔡佈曦、溫景財、張梨慧、趙嘉裕、蔡承旺、蔡宗憲、陳冠雄、馮玄明、何國傑、黃積淵等等，親友中有二姐夫、大姐、大哥等。

此外，在加護病房門外者，尚有王興國、顏郁芳等同仁。我充分感受到大家的真誠。

三、跨越台灣海峽

在金門縣，不能做心導管，即便金門有錢買設備，也缺乏純熟的醫療團隊。此乃醫療落後冰山之一角。是故，在金門工作、

生活、養老，是件危險的事。同仁何國傑、林政緯等教授急如星火地接洽台北醫療單位，最後在立法院王金平院長及台大相關單位首長的協助下。安排由台大醫院黃瑞仁醫師負損操刀手術於次日下午進行。

2013年1月11日上午，依行程安排，搭下午一時的軍機赴台就醫，惟11時就要出發，除黃惠菊、崔春華等同仁把行李準備就緒外，其他，在急診室大樓還看到秘書室許小姐、倪小姐等幾位行政助理。

從上午11時到下午13時的等待，再從下午13時到14時的高噪音飛行，過程雖然艱辛，但充滿著希望和依靠，也別無選擇。這是唯一的通往重生之路。

下午15時30分抵達台大急診室，親友蜂擁而上，看到李金駿、陳金雄、吳美娟、李金珠、劉佩怡、邱垂正、以及兒子李宗儒。

在急診室等候期間，值班總醫師邊檢查、邊告知，心導管疾病之危險性。我毫無畏懼，而且迫不及待，當聽到醫師說，有可能到星期一（2013.1.14）才動手術，我反而著急，立即表示希望今天手術之意願。明知道有危險而趨之若鶩，原因無他，兩害相權取其輕也。

四、心導管

現代文明在上帝的作品上維修通往體內的維修列車，得知馬

上手術，換裝的心情很有成就感。長途的跋涉，就為了這一刻。

　　推進五樓手術房，醫術團隊嚴陣以待，他們熟能生巧的分工，已經和完善的設備有了默契。主治醫師黃瑞仁教授對我說話，要我放輕鬆。我的心情，平靜到如同例行的超音波體檢。接著消毒，麻醉師告訴，打針會痛一下，爾後就不痛。

　　手術約一小時，最難熬的是骨頭酸和寒冷。告訴自己，要忍耐，此時每一刻，醫師的每個動作，都有意義。都很有價值，輕輕地一揮，不費吹灰之力，把血管中阻塞部分輸通，比在體外費盡九牛二虎之力還勝過千百倍。手術於下午16時45分完成。據手術房的護理人員表示，下班前他們還要做二例。效率其高無比。

　　經過一小時的手術，離開手術房，身上只有鼠蹊部比芝麻還小的傷口，真的名副其實的微創。為了止血，還留了10公分的導管在血管內，於回加護病房後6小時再取出，醫護人員在傷口處用力壓20分鐘，再用沙袋壓6小時。

　　2013年1月11日下午15時40分開始手術，16時40分完成，回加護病房。

　　102年1月12日中午離開加護病房，住普通病房5C08。

　　2013年1月14日中午出院。

五、患難見真情

　　從10日凌晨一時發病時，我一直保持低調，所以才沒有打119求救，也沒有勞駕同仁送我就醫，由於與李再杭局長約好見

登高望遠，鞠躬盡瘁 為斯文 2012-2014

185

縣長，不得不向李局長告知詳情，就這樣消息傳出。使得這一整天來探望的親友同仁絡繹不絕。

11日下午15時30分安抵台大醫院，直到14日出院，短短的4天內，不遠千里的同事、親友，陸續到加護病房、5C08單人房探望，第一天下午手術後回加護病房，除工作團隊中林政緯、劉佩怡、韓文蕙、、吳美娟等戰友亦步亦趨地常相左右，何國傑、翁宗賢、李清化等，從那一刻起，每天都來。

貴賓中，台大醫院陳院長、護理學系黃主任、考試委員高永光等都相繼於手術第一時間前來探望。

同仁家屬，有季偉瓊的父母、沈鑠志的父親，季老師的母親還來了兩次。

家人中，大哥的長子宗道夫婦、宗德、三姐、三姐夫及外甥女阿雯夫婦、老廣。族人中有明瞭、養盛、炳團、增得、錫敏、清化夫婦、李永盛。黨政中，有縣長李沃士派主任送花、中國國民黨金門縣黨部主委、民進黨陳滄江主委、楊應雄立委、薛承泰主席，業界有昇恆昌代表陳主任、王水彰、王振利、翁國團等三人組送花。台北市金門同鄉會理事長李台山。前衛生署署長楊志良送盆景。同仁中，有從金門趕來者，包括侯廣豪、沈鑠志、李宗翰、黃積淵夫婦。初中同學中有張延照、張貞賢、鄭江水。據護理站指出，在這麼短的時間內，擠進這麼多的訪客，相信是破

2013年丹斯里拿督斯里楊忠禮（左）榮獲彰化師大榮譽博士學位，立法院王
金平院長（右）蒞臨觀禮致詞。

了紀錄。大盆花也是前所未見。頓時，想到當初從加護病房轉到
普通病房，在雙人房與單人房的選擇上，後來選單人房是對的。

在台大醫院四天三夜中，第一夜在加護病房，吳美娟在家屬
休息室陪我渡過最危險的一晚，其餘二夜，均由兒子在普通病房
的沙發上陪我。

2013年1月14日上午，由林政緯和韓文蕙負責送禮。劉佩怡
負責接送。搭12時36分高鐵回台南，14時19分安抵台南。

重生的意義

2013.1.17

2013年1月10日發生心肌梗塞，在醫學上是相當嚴重的疾病，有生命危險。有很多案例都不妙。因此，我算是幸運。

從翁宗賢、李清化等同窗的描述中，這是一次不折不扣的重生。因此，未來的生日應改為一月十一日，即三個一，簡寫「111」。

若心肌梗塞當場死亡，則歷史將改寫：

一、金大校長首任任期還差一年又202天，立即展開新任校長之遴選工作。

二、金大校務發展，基於新人新政，我的建校藍圖僅供參考。

三、史料的整理和專輯之編纂將中斷。

四、專書的撰述和出版亦化為烏有。

五、所有校內、校外、於公、於私的恩怨情仇，將一筆勾銷。

六、家族中少掉我一個人不算什麼，只是，兒子宗儒不到兩年內失去雙親，未來的人生旅將更孤單。

結果命大，次日後送急救，心導管手術裝了三根支架，撿回一條命。如何面對未來的新生活：

一、生命歸零起跳：國曆虛歲六十有五。65歲以後，是新生命，是多出的，要感恩、要珍惜。

二、事業外加：過去種種，經過決算，告一段落，未來的發

展，每增加一項都是多出來的。

　　三、感恩：本以為來日方長，未料若旦夕間永訣，很多的恩情都來不及表達，無論是任何形式。尤其對我有情有義之人，我不能沒有交待。

　　四、化解仇恨：不想再計較過去，假設這次心肌梗塞急救無效，則人都死了，也不能再去恨別人，別人對我不諒解，也無從追究。惟人沒死就另當別論：在我方，不去追究別人對我的傷害。致於我是否曾傷害別人，該我負責者絕不逃避。

　　五、體會人生：創造永恆的價值。對人群、萬物的認識和親近。對歷史、時代的使命，能盡棉薄之力，絕不遺餘力，全力以赴。

　　存好心、說好話、做好事是極佳的座右銘。

　　來探望的同仁及親友們，大家的表情，是為我的慶幸重生而露出滿意的笑容。這種場景，若來不及急救，其實就由探望改為唁念，表情將由喜樂改為哀傷。果真如此，我亦心滿意足，我既不能行使職權，而大家並不是抱定有所求而來，而是發自內心而來，說實在的，16年的努力，能交幾位知心之友，人生如此，夫復何求。

　　記得20年前我甫升等為教授時，就曾與內子在成大校園發出歡語，人生目標，已超乎預期，未來的都是外加的。我想，20年後的今天，更有同感。

病中體悟，
先從關鍵性校務著手

2013.1.19

　　這次心肌梗塞，大家都說極為危險，命是撿到的，是值得慶幸。宗賢說「好加在」總比「早知道」好聽。清化甚至說，以後生日宜改為「111」。國傑幽默地說：以後就是有架子的男人。

　　對於公務在身，生命保住的目的，是為了壯志得以達成。

　　我的壯志是什麼，是金門一千多年來第一所國立大學在我任內實踐。惟我期許的這所大學，是一所有品牌，有品味的上等大學，目前，這件作品的架構大致成形。極需下功夫者是精緻化的修飾，要把味道煮出來。

　　2013年1月14日至22日，有一個多星期的時間回台南家裡養精蓄銳。每天，與兒子共進三餐，其餘時間，打發的捷徑就是睡覺。

　　下星期二（2013年1月22日）回台大醫院門診後，直接從台北返金銷假上班。未來的校長任期，若連任未成功，則剩下1年又193天。若連任順利通過，則還有5年又193天的任期。無論時間長短，都極為有限，在永恆的金門大學的工程上，能做的事也區區可數，只能抓住重點做，對未來有絕對性的影響者。可永恆存在者，可以藏諸名山者，當優先著手起步：

一、打造正門

　　本校面臨環島北路的城門。是本校最前排的校舍，第二排是行政大樓、第三排是綜合大樓、第四排是楊忠禮園和學生二舍。

體育館，興建於2011年。

二、興建醫護大樓

1.土地之取得：座落於校園東側，原為縣有地，屬工業用地，面積約一公頃。目前已完成無償撥用給本校，將作為康護學院院館所在地。

2.工程設計：已研擬健康護理學院各學系之空間需求。

3.經費之籌措：以爭取中央補助為上策，以金門縣發展基金無息貸款為替代方案，以銀行貸款為下策。

三、營造區域學習角

1.洛夫的再回金門。

2.鄭愁予的校歌。

3.黃廣志的武術。

4.教育家——漢貴恩。

5.路亭振鐸浯洲之重視。

6.具體而微的四埔林場。

7.國立金門技術學院紀念亭。

金門大學以詩人鄭愁予講座教授（石雕像）為榮。

8.國立金門大學紀念亭。

9.九大公共藝術。

四、高等研究院

1.閩南文化研究中心。

2.僑鄉文化研究中心。

3.兩岸和平研究中心。

4.兩岸傳媒研究中心。

5.金門大橋監測中心。

6.語言中心。

五、入學就是就業

1.課程規劃的改革。

2.增加實作和實驗課程。

3.就業實習列入必修。

六、空間活化

1.善用兩岸的地理優勢。

2.寒暑假不打烊。

七、深耕在地關係：

1.12年一貫之輔導，縮短城鄉落差。

2.資優生之研習營。

3.陽光天使的普及。

4.出生加發金大錄取通知單，16年國教不是夢。

八、金大叢書：

1.金大崛起。

2.三民主義的比喻故事。

3.金門高校發展史，金大創舉。

4.紅土萬樹

九、分部的定位與機制

1.金沙校區──文創見長

2.金湖校區──實習見長

3.中山校區──康樂見長

以上各校區都是校本部以外，分佈在各鄉鎮的分部，以機能取向，並非具體而微的校本部。

十、學術單位的整併

1.建築學系與都市計畫與景觀學系之整合問題。

2.人文藝術學院與社會科學院之整合問題。

金門大學校運會在縣立體育場舉行。

心臟裝支架，向上帝借時間

2013.1.26

2013年1月11日做心導管、裝三根支架之手術後，在台大醫院住院3天，2013年1月14日出院回台南休養，2013年1月22日回台大門診，醫師黃瑞仁教授，竟認不出我來，反問：「你是李金振本人嗎？」

2013年1月22日當天回金門銷假上班。適逢星期二，迄今（星期五），幾乎整個星期都回到生病前的上班狀態。

時聞心肌梗塞者，大多凶多吉少。而我又是屬於較嚴重者，能獲救，不免懷疑是真的嗎？

工作起來，渾然忘了自己是體內拿著柺杖的老人，能活下來，好像向上帝再借一段時日，把未酬之壯志得以實現，或人情事故做好交代。很怕虧欠別人而就不負責任地走了。

本週忙些什麼瑣事，印象深刻者：包括天下雜誌專訪、昇恆昌劉經理、吳組長專程送尾牙邀請卡、本校職員教育訓練開幕致詞、本學期任教中華民國憲法與政府課程期末考閱卷和成績計算。此外，台電王仁炳處長、蕭永平執行長、何國傑講座、彭泉學務長、鄭愁予講座教授等友人相繼來探望。還有一件重要的事，國有土地的原地主到校長室訴求，盼要回其土地。

登高望遠，鞠躬盡瘁為斯文 2012-2014

教學特色，應讓學子挖金礦

2013.1.26

　　台灣以及世界各地的學子，不遠千里，來金門讀大學，若沒有什麼特色，則何必跑這一趟。

　　要讓每一位學生不虛此行，就先要向大家宣告，我們具備其他地方無可替代的寶藏，只有身歷其景才能體會。也就是入寶山絕不空手回。

　　一、文化的薰陶：從遍地的閩南建築與洋樓相互揮映，可體驗先民之創作過程，學習中華文化的核心精華。

　　二、僑鄉文化的典範：向困難挑戰，不對環境低頭，冒險犯難的個性，與異國文化配合的心胸，飲水思源的念祖情懷，都是民族新生命的要件。

　　三、戰地史蹟的體驗：20世紀世界冷戰的象徵有三、柏林圍牆、板門店、金門等，大學不可能蓋在柏林圍牆上，板門店連設小學都有困難，只有金門設有一所國立大學。從戰地學到什麼：勇敢、有肩膀、肯犧牲、團結合作，沉著冷靜、愛好和平等人格特質。

　　把這些優勢整理成教材，另開通識課程，讓學生從生活中學習。

水頭村的得月樓，是金門僑鄉的象徵。

登高望遠，鞠躬盡瘁為斯文 2012-2014

但願一天的時間，
能活出兩天的生命價值

2013.3.2

本週起，恢復早泳的習慣。

2013年2月24日，聞悉縣立游泳池溫水運作試辦到二月底免費優待。今天是我生病以來之首次游泳，在金門而言，也是首次游溫水游泳池。

次日（2013年2月25日）星期一，我又準時7時去泳池報到，結果落空，始知每週一休館保養。乃改至金門高中游冷水，一個人游有點擔心，幸有許乃光老師作陪。26日又回到溫水泳池，27、28赴台北出差，3月1日回金門高中，主要是早泳會自是日起，恢復過去的模式。3月2日天氣轉涼，起床時已逾7點，於是準備了零錢，逕至縣立溫水游泳池游個夠。

這段時間，每逢友人，都會很驚訝我竟可以游泳，2013年1月10日發病時，我自己開車到署立金門醫院去掛急診，已經讓關心我的親友覺得不可思議。如今，又跑來游泳，在高興之餘，帶有一點擔心。

回想2013年1月10日心肌梗塞，能活著回來，應歸於幸運，也許內子是最煎熬吧！若因此而回到天國內子身邊，內子是該高興！還是傷慟。

我被救活，證明內子是不歡迎我現在去和她團圓，換言之，我還是被內子罵回來的，她的心目中，我請辭了成大教職，專心回金門分部籌設金門第一所高校，如今，雖然金門大學業已誕生，惟百事待興。此刻，不宜半途而廢，在建設工程和邁向理想的工作團隊逃兵。

努力地活著，按時回台大複診，就近到署金取藥。最近一個多月來所吃的西藥，比過去63年所吃的藥的總數還多。從藥袋上的註明，合計六種藥名之副作用，包括：

1.便秘。

2.腹瀉。

3.頭暈。

4.疲倦。

5.心悸。

6.心跳不規則。

7.呼吸短促。

8.下肢水腫。

9.乾咳。

10.皮膚癢。

11.紅疹。

12.發燒。

13.食慾差。

14.噁心。

15.出血併發症。

16.腸胃不適。

17.過敏

18.脹氣。

19.胃痛。

金門大學校長李金振與他的油畫作品合影。

20.痙攣。

以上20種副作用，是從每天早晚按時服藥的說明書所註明的警語和副作用。任何一種症狀都可能發生。幾乎包辦了所有病痛的症狀。

抱病工作。談到校務，心血來潮，很容易忘了自己的狀態，下班後，才察覺發言過長的虛弱。甚致還體驗了連聽來賓炯炯而談都需要體力。

同仁相繼送來補品，有的送鮮魚、蔬果，有的送強心補品、營養品，巴不得我有更大的胃量和更好的吸收能力。我賣力地進食，每天醒來，就不斷地準備清淡的美食。雖然齒牙動搖，仍忍痛嚼咀，為了身體創傷後的復原。

飲食固然重要，運動也不可少。除游泳外，早晚散步。此外，依醫師指示，控制血糖的方法要從飲食習慣著手。因此，按時量血壓血糖，還特別從台大醫院超市買了測量儀器。

一、藥物控制：

　　1.降血脂劑。

　　2.預防心血管栓塞用藥。

　　3.治療高血壓、充血性心臟衰竭。

　　4.控制高血壓、心律不整。預防心絞痛藥。

　　5.制酸劑。

二、量血壓、血糖。

三、飲食控制。

四、散步運動。

五、減輕工作壓力。

　　身體猶如精密儀器，63年來很少如此認真地愛惜與維護。這兩年來在飲食和體重略有進步，卻在進步中發病。如今，亡羊補牢為時不晚。這樣做是為了什麼？難道只為了活更久而做。

2012年8月13日李金振校長率主管同仁與馬來西亞南方學院簽約合影。

做事像拚命三郎，病後舊習不改

2013.3.18

2013.1.10心肌梗塞以來，親朋好友的關懷，表現在下列言談間的話語：

一、要我不要太拚。

二、要我要注意飲食。

三、要我運動不要太激烈。

四、要我多注意身體。

五、最近身體有沒好一點。

另有更多的同仁以具體的行動來促進我的健康：

一、有送珍珠粉的，要我每天吃兩小包。

二、有的從美國帶來善存維他命。

三、有的送一罐補心臟的維他命。

四、有的送來一瓶濃縮燕窩。

五、有的送來可補心臟的茶包和黑蒜頭。

六、有的送一支量心跳的手錶。

七、有的買鮮魚、蔬菜。並煮好端上桌。

尤其2013年1月11日在台大醫院手術後的第一個晚上，更有昔日的同仁，整夜守在加護病房外的會客室。我的生命牽繫著這麼多人的擔心，真是受寵若驚。我也提醒自己，是個處於康復中的病人，不能再做拚命三郎。然而，2013年2月18日開學，我的步驟又緊湊起來。猶如籃賽，打全場40分鐘，包括前鋒後衛、控球遠投都有。

2013年3月17日參加銘傳大學金門分部慶祝56週年校慶，遇

見崔專委向我報告，指縣議會將於明天下午召開程序委員會，確定此會期之提案。而本校之改大卓越計畫卻尚未送達。言畢，我立即走向李再杭處長身旁，研商明天將計畫書送到縣政府是否來得及。李處長勉強說，可試試看。

2013年3月17日下午，立即召集翁克偉主祕，李金譚研發長、崔專門委員等同仁來校長室，確認計畫書內容後，當晚就趕印20本。

2013年3月18日上午8時偕翁克偉主祕，李金譚研發長驅車駛向縣府，先將公文在縣府收發室登錄掛號後，再將計畫書提到二樓李在杭處長室，李處長指示承辦人葉麗珠快速處理，於上午辦妥送縣議會，我吩咐翁主秘和李研發長於11點來幫忙將計畫書提到縣議會。

2013年3月18下午14時，於15時縣議會召開程序委員會之前，先偕翁主祕、李研發長、崔專委冒然拜訪王再生議長，並獲得善意回應。果然，再下班前、縣議會寧國平秘書來電表示，本案已順利排進提案，預定於4月8日開會討論。

本案原已到來不及的時間點，吾知其不可而為之，之所以要跑全場，實情非得已。能敗部復活，要感謝各作業流程的每一位業務主管的幫忙。

登高望遠，校級發展九大指標

2013.5.4

　　大學之學術單位，區分為校、院、系（所）等三級，權力的劃分與職責的分工，採均權制度。教師升等之審查，亦採三級三審。

　　其中校級之指標，吾人已完成多種版本，覺得永遠修正不完，為追求完美，誠永無止境，現在宜就此打住，好讓宣傳單位盡速透過各種管道向全體師生及校友說明。茲將九大指標分述如下：

一、校訓：

　　「真知力行、兼善天下」。

二、學校訂位：

　　「營造一所以傳承金門文風、發揮兩岸優勢、善盡世界學術分工為職志的現代書院。」

三、校務發展的重點：

　　1.利用在地主場的優勢，肩負金門既有閩南文化、戰地史蹟、僑鄉故事等學術研究之任務，並將研究結果融入課程之中，用於陶冶學生的氣質。

　　2.善用金門特殊地理位置之優勢，整合陸台港澳兩岸四地各個學術優勢，以發揮整合效應之學術成就。

　　3.把握地方產業對人才之需求，將就業課程列入畢業學分，

期畢業生個個都是業界爭相延攬的對象。

四、學校特色：

1.唯一傳承閩南文化古文明的現代書院。

2.在兩岸學術課題上，享有優先發揮之機會。

3.地處邊界，提早接觸國際，兼具兩岸人才培訓的學術重鎮。

4.台生、陸生、港澳生、僑生、外籍生、以及本地生等多元文化的交流平台。

2011年5月27日本校與北京體育大學及國立體育大學等三校合作簽約。

五、校務發展之方向：

1. 國際化：學術交流與合作國際化。
2. 市場化：就業課程與畢業生出路市場化。
3. 制度化：校務運作與遊戲規則制度化。
4. 自由化：學術活動與創意發表自由化。
5. 民主化：意見表達與師生參與民主化。

六、校務發展之目標：

1. 近程目標（2010-2014年）：旨在實踐改大計畫之校務發展藍圖。
2. 中程目標（2014-2018年）：旨在達成兩岸學術橋梁和地方建設之社會責任。
3. 長程目標（2018-2022年）：期望能整合兩岸的學術優勢，成為兩岸之名校。

七、學校願景：

迎頭趕上兩岸名校——廈門大學及成功大學，與之並駕齊驅。

八、學生的基本素養：

1. 面對世界：從金門戰地史蹟中學習愛好和平的人格特質。

2.面對萬物：從金門保持完整的自然生態中學習與萬物並存共存、仁民愛物的胸懷。

3.面對傳統：從金門豐富的世界文化遺產中，恢復對自己民族固有知能的自信心。

4.面對社會：從小三通川流不息的人潮中學到互助的重要。

5.面對生命：從金門殺戮戰場的砲火中，學習生命的可貴和犧牲的價值。

6.面對未來：從僑鄉金門數十萬人遠渡重洋冒險患難的精神，學習適應、創新、堅忍、勇氣的性格。

九、學生的核心能力：

1.具專業知能及跨領域的基礎常識。

2.具多元語文能力。

3.具網際網路的實務能力。

4.具溝通的技巧和協調能力。

5.具權宜措施和緊急應變能力。

6.具體適能和終身學習的興趣和習慣。

朱經武院士來訪，激起漣漪

2013.5.16

前香港科技大學校長朱經武院士，於2013年5月13日在成大蘇慧貞副校長之陪同下，抵達金門。

是日下午16時於金門縣政府第一會議室舉行座談會，由李沃士縣長親自接待主持，與會除本校主管外，還有縣府吳友欽副縣長、李增財參議以及建設處、教育處等主管，討論主題是金門大學島之願景與方法。

現兼台灣綜合大學系統總校長的朱經武院士，特別安排於2013年5月14日上午8時40分假楊肅斌演講廳與金大師生舉行校務座談，在聽取本校校務簡報之後，隨即與蘇慧貞副校長、蕭世益主任等共同上台主持。會中做成下列決議。

一、朱經武院士允諾金大學生1名，得赴美國休士頓大學他的研究室深造。

二、金大是否能加入台綜大系統，本月18日四校會議將做決定。

三、無論形式上是否加入聯盟，在實質上將加強在T4與金大之合作，包括交換學生，進而交換老師。

四、金大若加入T4系統，將於大學城共同科教室之性質合建聯合辦公大樓，做為T4與大陸名校學術交流之平台。

會議結束後，下一行程是署立金門醫院，路程經過經武路及經武酒窖，令朱院士很興奮，連忙下車攝影留念。

朱經武院士（左）應邀到金大演講，對於金門有特殊的感受。

李金振校長陪同朱經武院士參訪署立
金門醫院，路過經武路。

李金振校長陪同朱經武院士參觀金門太武山經武酒窖。

擴張與穩定，兩者要兼籌並顧

2013.5.24

　　有關校務發展政策，到底是穩定重於發展，抑是發展重於穩定，很難有其定論。就本校16年來的經驗，係偏向發展，穩定是為了下一波的發展做準備。茲列舉過去的事實做深度回顧：

一、發展帶來突破：

　　1.四胞胎——1997年7月，在全然空白的背景下，宣告金門分部誕生，一口氣設了四個科，惟辦公室、教室、研究室等校舍尚無著落，是年9月準時開學。猶如尿布奶粉還沒準備，嬰兒就誕生，而且不僅是雙胞胎，而且還是四胞胎。

　　2.早產兒——2003年，設校構成要件尚未成熟，本校奉准獨立為國立金門技術學院。猶如未足月出生的早產兒，理應放在醫院保溫箱，可是本校卻立即出院吃五穀。

　　3.先畢業——2010年，本校尚未興建體育館、游泳館、活動中心、田徑場等校舍，各項校務尚未成熟，卻蒙教育部青睞，准予改制為國立金門大學，猶如先畢業再補修學分。

　　4.先建校舍——2000年，綜合大樓教育部補助工程費三億元，立即動工，惟校園整體規劃工程款卻尚未奉准補助。

　　5.先發展校園——2002年，校園整地雜項工程大致有了基礎，惟缺乏聯外道路，兩條大學路仍遙遙無期。

　　6.圖資大樓先動工——圖資大樓之興建，工程費二億元。教育部同意補助90％，本校負責10％的自籌款，惟自募款尚未籌備之前，已先行動工。

2011年9月27日楊志良前署長（中）蒞校指導籌備成立醫護學院事宜。

　　7.學生二舍及多功能活動中心——2010年政府為擴大內需，徵求各國立大學之重大工程可提早年底前動工，本校共提了餐廳、學生二舍、學人二舍、活動中心、游泳館、體育館等六大建設，總工程近10億元，惟20％自籌款在那裡，迄今尚無答案。

　　8.專生本——2004年，教育部特准本校將四個二專直接改制為四技，其前提是不另增加師資和預算，等於二個便當四個人吃。

二、穩定增強續航力：

　　每次的快速發展，留下很多待補強的功課，也暴露殊多缺口。必須養精蓄銳。穩定的基礎，包括空間的提供、設備的充實、師資員額的補足、課程的檢討、以及學習成放的追蹤。以

2010年為例，本校於是年改制為一般大學，這一項重大的改變，從技職體系變換跑道到高教體系，如何適應，並趕上高教的腳步，也是當初改大評審委員擔心的課題。因此，這三年來，努力把原先教育部先允許畢業再補修學分補足。同時，教育部立即安排於2013年舉辦校務評鑑。茲將穩定的要點歸納如下，也是辦學創校的基本工作：

1.校園建設：除興建學生二舍和多功能健康活動中心等校舍外，並完成榕園綠化、捐地興學紀念碑、壽與國同入口意象、停車場、國父銅像、綜合大樓後側司令台等校園景觀的設計與施工。

2.室內裝修：除美麗的校園景觀外，大學之特質，不僅是美麗的校景，重要的是內在美。把室內空間功能展現出來。這期間完成全面普通教室電子化，基礎科學實驗室、智慧型教室、理工大樓二樓階梯教室、基礎醫學實驗室、軍事研究室、育成中心、金沙校區之啟用和校園整體規劃、金沙校區宿舍和餐廳的啟用等空間功能的發揮，旨在提供良好的教學研究環境。

3.落實就業課程：
(1)各學院系所，規劃就業課程，並列入畢業學分。
(2)建置校企合作，包括昇恆昌免稅店、台開風獅爺商業街等企業，一起規畫人才培訓課程。
(3)設立就業創業專區，指定金沙校區為教育訓練、人才培訓、職業訓練、育成中心等專用校區。

三、再出發創高峰：

　　強化內部實力之後，接踵而來的是另一波的發展，這一波的發展，不是學制之提昇，也不是學院系所的增設，而是學生人數的增加：

　　1.原因：

　　　(1)學生人數不足：受教育部總量管制的影響，最近三年來，本校增設7個學系、6個研究所，惟並未每系都有招生員額。至每班學生人數，由50人降低至39人。

　　　(2)財政不足：101年度，本校興建中的重大工程，自籌款約1.9億元，此外，改大基金補助款5500萬元，均縣政府的補助和縣議會的通過。

　　2.重點：

　　　(1)預計在未來五年內，招收陸生1000人，包括高考錄取生、研修交換生、專生本二技生等學制和管道。

　　　(2)預計在未來五年內興建國際學倉、康護大樓、設計大樓、行政大學、田徑場、以及校門門廳等。

　　本校現階段之工作重點，以穩定為主，到年底應可達成現階段的任務。下階段的發指目標，應以擴張為主，招收陸生是核心任務，總人數以1000人為目標。

馬拉松的最後一哩

2013.6.18

　　回金門16年來，參與籌建金門第一所大學，是千載難逢的機會。未料近兩年來，因申請縣政府改大基金之補助款，2012年在縣議會並不順利，2013年為校務拚到心肌梗塞，本以為不會再有問題，沒想到事與願違。

　　面對這項挑戰，好友莊友焙建議我不如辭去，不幹了。

　　回想16年前，我已是成大的正教授，也兼主任秘書的行政工作，如今放棄台灣的工作，返鄉服務，其目的是希望為家鄉多做點事。

　　最近的想法，有了新的改變：

　　一、專注人生觀的發展目標，堅持既定原則，有信心地朝自己的目標前進，絕不受其他因素的干擾而壞了大事。還記得當初回金門之初衷，堅持「金門是個有事可做，也有機會把大事做成的地方」。如今，最終之目標近在咫尺，勿受小人的惡意打擊而亂了方寸，猶如馬拉松全程42公里，在衝刺時刻，眼看奪標在望，此刻，若路邊有人無聊地現寶，難道要停下來觀看一眼？

　　二、擔任機關首長之領導職務，不可能好人壞人都叫好的。其間之差異，若好人說你好，才是真好。反正，若壞人說你好，那你就得檢討，是否你與壞人是物以類聚。

2013年本校借用金門高中運動場舉行校運會。

開啟「金廈成功」之門

2013.6.26

　　三年前，本校揭牌典禮，廈大校長朱崇實蒞臨見證，成大校長賴明詔等蒞校慶賀。不久，有感於400年前，鄭成功以金廈作為光復台灣的基地，從台南登陸。這條海線，起點是大陸985工程的廈門大學，終點則是台灣五年500億的頂尖大學，中間則是類似橋墩的金門大學。準此，將鄭成功光復台灣的路線所經過的大學串連起來，簡稱「金廈成功之路」。

　　2013年6月20日是個轉捩點。之前，金廈成功僅止於口號，每論及實質合作，必觸及一個重要的前提，就是兩校務必先簽訂合作協定。

　　由於三所大學之合約，三校校長之共同時間很難湊齊，致時間1年拖過一年。這次決心改弦易轍，採分梯次簽署方式。決定先金廈，再成功。即金大、廈大先簽署，再轉至成大簽署。

　　昨天簽約典禮設在廈大嘉庚3號樓18樓，廈大除朱崇實校長外，並有文學院李曉紅院長、陳世雄博導、歷史所張侃所長、國際合作與交流處長、台港澳事務辦公室主任、校長助理譚紹濱（前教務長）、國際合作交流處副處長、校長外事處秘書余宏波小姐等多人觀禮並參加座談。本校陪同同仁有研發長李金譚、公關組王智盛組長、閩南所李宗翰所長、國際及大陸事務中心劉名鋒主任等。

　　「金廈成功」簽約後，三校在教學上可立即執行學生與師資交流。在學術研究上可共同指導研究生、共同承接專題研究、擔任主持人，並肩負兩岸共同議題之社會責任。

2013年7月25日第九屆海峽兩岸暨港澳地區
大學校長會議於本校舉行。

　　未來，金大的台生，可於4年大學生活選擇一年或一學期赴
廈大及成大就讀。金大的陸生，或高考未達廈大錄取標準，亦可
先就讀金大，照樣有機會進廈大及成大。

　　金大之教育資源，由校園走向校外，由金門島內走向島外，
由台灣延伸至兩岸，由國內走向國外東亞、美國、甚至歐洲、世
界。在這個發展策略下，金廈成功之路，是這條康莊大道的起
點。「金廈成功從今（2013年6月20日）開始。金廈成功，從金
（金門大學）開始。」

學術交流，接踵前賢朱熹腳程

2013.6.26

　　宋代大儒朱熹，在金門因創設燕南書院而倍受尊崇，俟訪問湖南大學嶽鹿書院後，得知朱熹在湖南之行程，有比金門更詳盡的記載。

　　西元858年前，朱熹曾到湖南嶽鹿書院與當地大儒張釋深談理學，其共同舉辦大師開講，聽眾之多，據說把講壇旁的水池都喝光。

　　張釋英年早逝，朱熹曾專程赴湘整理其學說付梓。後來朱熹受聘為湖南省為官，相當於今天的省教育廳長，再度利用公務之餘，在嶽鹿講學，並捐資整修書院。

　　以當年的交通工具，往返閩湘之間約1000公里，以每小時走5公里計算，要花200小時，即每天不眠不休，健步如飛，要8.3天才能抵達，若每天走8小時，則需25天。其間，若遇高山峻嶺，時間另計。

　　為追求真理，為宏揚儒學，朱熹不遠千里，足跡遍布閩、贛、湘等各省，精神令人敬佩。

　　拓展大陸及港澳之學術交流與合作關係，是本校改大以來更為積極努力的目標，經過多重管道的聯繫與接觸，已有多所大學表示高度的興趣，頗希望擇期簽訂雙邊合作協議書。

　　已經談妥的包括澳門科技大學、澳門城市大學、澳門理工學院、湖南大學、浙江師範大學等，分別分佈於廣東、湘南、浙江等不同省份。如何利用一趟大陸之行，達成多元的任務，著實考驗承辦單位研發處的智慧。

2013年6月李金振校長（右七）率師生近百名赴湖南大學參訪。

　　此外，配合本校國際暨大陸事務學系近百位師生計劃於6月下旬參訪湖南大學。因此，行程的規劃、決定利用這期間舉行兩校簽訂合作意向書。

　　基於上述之考量，最後決定於2013年6月20日由金門搭船出發，路經廈門，轉往澳門。再由澳門搭船橫渡珠江口，前往香港。接著由香港直飛湖南長沙，然後由湖南飛往浙江杭州，最後由杭州飛往廈門，於6月26日返抵金門。整個行程共花了7天的時間，其中有部分路線與當年朱熹的行腳重疊，感受非常深刻。

此趟兩岸四地之行，拜交通之便，始得以在一週之內，走完廈門、香港、澳門、湖南、浙江等各地，拜訪多所高等學府和政府機關、民間團體，認識多位社會賢達和學界領袖，對本校學術交流合作之開展，獲益良多。

今（2013年6月26日）天，夜宿浙江師範大學委外經營的酒店，早上起過大早，遠望窗外，群山環繞，校園建設完備，美不勝收，見賢思齊油然而生。

此行於2013年6月20日啟程，今（2013年6月26日）回程，前後七天六夜，獲得的心得與成果，比較具體者：

一、兩岸四地之行：包括金門、大陸、澳門、香港等地區教育背景之比較。

二、與六所大學簽訂學術合作交流意向書：包括澳門理工學院、澳門科技大學、澳門城市大學、長沙湖南大學、浙江師範大學、廈門大學等。在學術關係之建立，可謂一大突破。

三、招生宣傳，

1.澳門經濟文化辦事室，值得深化經營。

2.香港

(1)一加三學制可申請

(2)邀請高中教師來訪

(3)邀請高中生聯考前15名來訪

(4)兩岸四地大學生（含金大）訪問日本。

體制內的運作能力，可學蕭何

2013.8.11

　　美國白宮有位發言人，歷經多位總統而屹立不搖，其間有民主黨總統，有共和黨總統，當她退休之後，寫了一本書，記載其在白宮服務的經驗，其中有一篇就是描述體制內之運作能力。我國古代蕭何，當他任宰相時，展現的政績就是這方面的能力。

　　校務的運作亦然，為了達成目標要透過各種途徑，所提供的方法，歸納為兩種：

　　一、體制外運作：在現有體制外想方法，相當脫離現有體制。因為不滿意現有體制，或現有體制未能滿足其需求，於是另謀其他管道。換言之，體制外另謀發展，無異另設計一個新的體制。

　　依法治社會之遊戲規則。體制外另設新體制，其首先要解決的問題是法源及其效力。蓋新體制是否有授權，此授權包括法規、行政命令、或民意基礎。無論如何，必須要有依據。這是一個大變化，這種改變，其實就是一種革命。

　　16年來，本校在體制外的運作，勉強算得上者，僅是在大體制不變的前提下作調整。

　　1.2003年，本校由金門分部奉准獨立為金門技術學院，這一改變，所有的法規亦隨之更動名稱，所有的作業流程也跟著調整為自主性的機關首長做最後決定。單位（金門分部）提升為機關（金門技術學院）。

　　2.2010年，本校由金門技術學院改制為金門大學。這一改變，同樣的，全校法令規章都隨之更改校名，本校之隸屬上級單

2013年6月20日李金振校長（右）與廈門大學校長
朱崇實（左）簽訂兩校合作協議。

位，由技職司可改為高教司。換言之，從技職體系調整至高級體系。

3.在體制上，由二專改為四技，或在二專學制下另設二技進修部。再由四技改為一般學系，以及大學日間部，另設進修部學士班。或大學日間部，進而設研究所碩士班。或一般學系碩士班另設獨立研究所碩士班。或設院級碩士班或院級碩士專班，在學制上均不斷翻新。期間，適用之法源，除由專科法調整為大學法外，其餘均為同一法源下之增設與擴充新領域，僅在學制上稍作擴大其規模。

二、體制內運作：在同一法源下，即在原有的法規下，如何在不違法的前提下，能靈活運作，其間有兩種不同的看法和做法：

1.正向列舉：法規所允許者才能做，法規未明確列舉者，都視同違法。因此，能作為的業務，自然侷限於有限的列舉條文內。

2.逆向列舉：法規列舉嚴禁的規範者，都不許做，未列舉者都能做。這樣能做的事自然多。常見的現象；承辦單位或承辦人，常抱怨學校人事、主計限制太多、手續冗長。在只是這樣也不行，那樣也不行之後，應說明怎樣才行。或指正錯誤，應一次到位，勿一次指正一項，下次再指正另一項，往返流程多次，浪費時間。

在體制內運作，例行的業務，應該愈簡單愈好，因為所有

金門大學校園中閩南式傳統建築與現代化西式建築相得益彰。

　　的業務之作業流程，這是立法機關的業務，而不是行政機關的職責。

　　如何在體制內找出一條暢通的小徑，是有關於對法規之理解和業務的熟悉。以林務局補助本校植物為例。固然，在體制上林務局之經費無法流用至本校。然而，本校需要的標的物不是經費，而是樹。只要林務局負責發包、付款，把樹種在本校校園即可。

金大新生報到率再創新高

2013.8.22

金門大學全體師生於綜合大樓中庭舉行開學典禮。

　　本校102學年度招生宣傳奏效，成功地吸引兩岸、港澳、南洋等世界各地1200多人。

　　據悉，本校今（2013）年新生人數逾1200人，分別是大學日間部835人，大學進修部265人，研究所碩士班130人。

　　根據瞭解，本校自從2010年改制以來，新生之報到率，連續四年來，年年都超過百分之一百。分別為2010年百分之105，2011年百分之103，2012年百分之100.1，2013年百分之105.8。新

為了招生，李金振校長在大學博覽會賣力宣傳。

生人數亦直線上升，分別為：2010年500多人，2011年增加到600多人，2012年又增加到700多人，今（2013）年更是突破800大關，新生人數來到835人。

本校之所以能吸引這麼多的優秀學生，主要原因是擁有高學歷的一流師資。此外，金門縣政府以及華僑和企業家捐贈優渥的獎助金，吸引不少考生及其家長。

金大新生的錄取成績，四年來節節上升，以大學聯考學測為例，全國總平均降2個級分，而本校則逆向成長了2級分。今（2013）年的錄取生中，最好的成績高達71級分。此外，達頂標（63級分）以上者有7人。達前標（57級分）以上者有70人。

據統計，本校每年提供7600萬元獎助金，確實很吸睛，在選填志願上，考生以實際行動讓本校在排行榜上大幅前進。今（2013）年更有44位錄取生以本校為第一志願。佔百分之13.58，比去年的百分之7.75足足增加一倍。此外，將本校填在前10志願者，佔錄取總人數百分之50.62以上。比去年的31.25％又大幅成長了百分之19.37。

奔走南洋，抱病再去募款

2013.9.27

　　2013年9月26日上午10時30分，約好本校隨行南洋訪問團於松山機場集合。人事室蔡流冰主任向我報告，教育部已發文撥回本校組織規程有關校長連任之條文。並重申現任校長已做滿三任，任期到2014年7月31日屆滿。

　　接奉教育部之來函，我正好準備出國，首先到印尼泗水向黃啟鑄主席募款，接著到馬來西亞參加捐資本校第一名的楊忠禮主席結婚六十週年紀念祝賀。臨行前接到教育部來文明確提醒我的任期，我於第一時間交代隨行的主任秘書翁克偉和人事主任蔡流冰，務必完全遵照教育部的指示辦理。俟月底返國後將全力推動新任校長之遴選工作。

　　9月26日下午16時30分從桃園國際機場出發，20時45分抵達

2010年12月15日李金振校長（左）率行政同仁拜訪印尼雅加達金門互助會感謝印尼黃進益總主席（右）捐資義舉。

新加坡，21時15分由新加坡起飛，23時15分抵達印尼泗水。當天晚上遲至次日（9月27日）凌晨2點才就寢。

依行程安排，2013年9月27日上午先拜訪泗水金門會館，很順利地見到仰慕已久、而且也事先安排好的泗水僑頭黃啟鑄主席。

首先，我向黃主席簡報本校現況。黃主席很機警地察覺我此行的目的，期間多次打斷我的簡報，很坦誠，不把我當外人地對我說：

1.辦大學貴在能增加收入，使之收支平衡，而且要能不斷地改善設備。以求永續發展。

2.創校之初，不得已到處募款，是很自然的現象，惟若長久地向人募款，會令人討厭。

2013年9月27日李金振校長（左四）率行政同仁赴泗水拜訪僑領黃啟鑄（左三）。

3.本人在印尼也創辦一所大學「瑪中大學」，六年來，正亟需籌錢。

4.大學貴在自立自強，擁有四仟名學生應可自給自足、收支平衡。不能依賴別人捐助，猶如一個家族，富不過三代。

　　(1)第一代很有衝勁，有創業的精神

　　(2)第二代亦看到其父母之艱辛奮鬥

　　(3)第三代則一無所知，常致揮霍無度。

5.給我貴校的帳號，適當的時機，我會有所行動。

201年9月27日午宴後，趕往機場，搭下午16時30分飛機前往馬來西亞。24小時內，從台北到泗水，再從泗水到吉隆坡，匆忙中按既定行程進行。

26日早餐後忘記服藥，趕往松山機場轉往中正機場，午餐後再度忘記服藥，下午上飛機前想起，卻發現藥盒放在托運行李箱內。直到夜晚24時抵達泗水才補服本應該早上該做的事。一路上心中只想到如何說服黃啟鑄主席。而忘了自己是位病人。

9月26日夜晚，跨過27日界限，於凌晨二時才就寢，同房吳成典前立委，他習慣睡前滴水不喝。

9月27日終於見到黃啟鑄主席，不料他卻表現出對募捐不同的看法，強調捐款不是長久之計。眼看此趟將落空。想到跑這麼遠的路程，還是賣力演出。

皇天不負苦心人，後來黃主席終於動心，大家喜出望外，我立即於談話結束後，將帳號陳給黃主席。

打造金門第一所大學，
海外鄉親沒有缺席

2013.10.28

　　以「文風鼎盛、人才輩出」享譽海內外的金門縣，八百多年前宋代大儒朱熹就在金門創設第一所學堂—燕南書院，培育人才，開風氣之先，因此，金門歷代出了很多進士，說明人才不僅是生出來的，而且是教出來的。

　　近半世紀來，台灣高等教育蓬勃發展，大專校院如雨後春筍相繼創設，迄今已逾一百六十餘所。惟金門縣獨缺，其最高學府始終是國立金門高級中學。

　　依社會風氣和歷史淵源，金門是最有資格率先設大學的環境，可惜戰地政務的緣由，當後方台灣積極興辦高等教育之際，金門卻忙著幫台灣擋子彈。因此，金門在發展高校的進度，遠遠落後於台灣，甚至還不及同為離島的澎湖。澎湖科技大學還比金門大學大五歲。

　　金門籌設高校之喜訊，於1997年7月1日傳來。教育部徵得高雄科技學院之同意，到金門設立分部，第一年設了四個二專，招收金門農工的畢業生。經六年的籌備，2003年8月1日獨立為國立金門技術學院，並將二專改制為四技。再經過七年的快速成長，於2010年改制為國立金門大學。回顧十三年內，本校由專科改為學院，再由學院改為大學，被形容為轉身跳投得分。

　　檢討本校之成長過程，一開始可謂生不逢時，正好是中央政府財政最困難的時期。在教育部的考量。金門為國家安全做出這麼大的貢獻，在捍衛台海安全上立了汗馬功勞，再加金門對教育的重視，萬般皆下品，唯有讀書高，是金門人的核心價值，因

此，沒有理由拒絕金門這一點點的請求。然而，從生員看來，整個金門縣人口不滿十萬，每年入學兒童不及千人。設一所袖珍型的高校，滿足地方的訴求，多少帶有應付的味道。這是站在全國的高度看問題，我們不能苛責政府。

準此，本校無論在升格方面或擴大規模方面，可謂阻力重重。事實上，教育部的立場，能設個分部分班，以提供金門農工畢業生繼續升學的機會。若要設校，或由專科升格為學院，或由學院升格為大學，則就不便強求。要辦一所像樣的大學，就要靠自己。

就人事和財政等兩大設校指標分析，當本校申請獨立設校時，教育部事先聲明，在不增加經費和不增加教職員額的前提下，將分部獨立為學校，也就是以分部的人力和財力來維持一所學校之運作，問我們要不要。在教育部的口氣是準備把我們嚇跑。不料我竟於第一時間滿口答應，這下子反而讓教育部騎虎難下。

獨立設校後，校內的學術單位大多是二專，最大的願望是升格為四技，第一梯次是將工商管理科和財務金融科合併為企業管理系。之後，其他四個二專，由於性質不同，很難比照合併，尋求上級單位教育部的支援，將二專升格為四技，其答案依舊是沒錢沒人要不要?我的回答很爽快，立即回應「要」。從此，種下財政上的大缺口，也就是以二專的教育成本來辦四技，猶如兩個便當四個人吃。在資源上固然是極大負擔，但在學制上卻是一

大提升。台灣多所學校得知此消息後，紛紛要求效法跟進，迫使教育部趕緊叫停，宣布要評鑑一等者始可將二專升格為四技。此刻，本校的二專已事先全數過關。

財政上的缺口，著實是發展中的大學的不利因素，然而，換來的是本校正式誕生與升格，申請到這張立案的牌照才是重點，勿因資源的不足而放棄大好機會。至於如何補這個缺口，這些年來，除金門政府在歷任縣長鼎力支持外，金門旅居海外的僑領及時地捐資興學，很紮實地助本校一臂之力。

金門是個僑鄉，旅居東南亞的僑民，僑居地包括馬來西亞、新加坡、汶萊、印尼、菲律賓等金門會館的人數達數十萬。得知僑鄉金門創設了第一所大學，一傳十，十傳百，爭相走告，雀躍不已。

金門之所以成為僑鄉，簡言之，歸根於這塊土地養不起這群人，被迫離鄉背井的鄉親，冒著九死一生的危險，跨海向外發展，第一代大多以勞力賺取微薄的血汗錢，因此，格外珍惜教育的重要，其堅守的信念，也是大家津津樂道的一句話：「再窮都不能窮教育，再苦也不能苦孩子。」如何不苦孩子，就是從小要給他好的教育，提升其競爭力，擺脫勞力密集的苦日子。而要把教育辦好，其先決條件是充足的教育資源。金門有了第一所大學，就要辦好，海內外金門鄉親有此共識，於是以具體行動有錢出錢，有力出力，有地捐地，一時，金門大學成了全體金門鄉親的共同作品，人人都以參與打造金門大學為榮。

2012年8月10日李金振校長（右）轉致教育部銀質獎章，感謝馬來西亞僑領潘斯里陳開蓉女士捐資興學，由楊忠禮（左）代表接受。

談到捐贈，自然會聯想金錢移動的行為，捐贈的「捨」和受贈的「得」，形成一種類似救濟的行為，因此，我覺得「捐贈」兩字還不足以說明金門鄉親對金門大學的贊助。

我覺得金門大學對每位金門鄉親而言，大家都有份，有權利享受此教育資源，這是大家的公共財。同時，「有份」的另一個意義是參與創作。金門大學要怎樣才能辦得好，大家都有責任，由於各個專長領域有別，有人貢獻智慧，有的提供勞力，而絕大部分的鄉親由於事業繁忙，只好出錢讓別人幫他實現理想。這樣集合眾人的力量，眾志成城，可以成就更大的成果。準此，金門大學，不是被救濟的對象，而是實現大家理想的平台。

為表揚、紀念捐資興學之義舉，本校決議以其大名作為各學院、演講廳、會議廳、講堂之命名。除掛匾之外，並簡介其生平和事業成功之秘訣。決定這樣做的意義，一方面希望全體師生永遠懷念、感恩，另方面營造校園處處都是區域學習角，作為學習的典範。

一、楊忠禮主席

第一次見到楊忠禮主席，是有一年追隨李炷烽縣長訪問東南亞各金門會館，到了馬來西亞，親眼體驗到楊主席所建造企業

王國之浩大，當場為之震撼，內心萬分佩服。座談會中輪到我致詞時，我自然流露出肺腑之言：「老實說，今天我本來是來募款的，但是我現在發現有一件事比募款更重要，就是如何將海外僑領的成就展現在金門大學的校園，以作為金門學子學習的榜樣，也在外賓面前展現金門人的驕傲。」言畢，楊忠禮主席在我們離開前，拍拍我的肩膀，告訴我，金門大學之建校工作，我會有所表示。不久楊主席賢伉儷返鄉探望故居，一下飛機，就宣布捐贈新台幣貳千萬元給金門大學。本校決定將這筆錢興建楊忠禮園老師宿舍。俟落成典禮時，楊忠禮主席的義舉不僅感動了金門各界，其家人亦受到影響，相繼跟進，其夫人陳開蓉女士亦捐贈了私房錢二百萬元，裝修了今天金大重要會議的地點—陳開蓉會議廳，其長子楊肅斌也捐贈五百萬元，裝修金大最大的禮堂楊肅斌演講廳。此外，2010年金大揭牌典禮，楊主席與好友郭台銘董事長相約來金觀禮，郭董事長臨時有事，不克赴會，表示，人不到，禮總要到，給楊主席面子，捐贈美金百萬元給金大。楊主席得知郭董是看在他的面子，於是自己也比照處理，再度捐贈美金百萬元。為了感謝楊忠禮主席一路走來，在夫人鼓勵之下，出手大方，不斷助本校一臂之力，特以新落成的理工學院以楊忠禮命名。

二、黃進益主席

　　2005年3月11日在故鄉舉辦的第一屆世界金門日，來自世界各地的鄉親蒞臨共襄盛舉，印尼的僑領黃進益主席是印尼金門會

館的總主席，對僑界的服務貢獻不遺餘力，個性豪爽，有英雄氣概，利用大會的空檔，我開車接送黃主席回老家金沙鎮西園村。沿途高談闊論，都是繞著金門大學的籌建與金門前景之發展，獲得殊多共識，黃主席的作風是心動不如馬上行動的急性子。在途中允諾捐資新台幣50萬元，抵達學校在會議中宣布，由50萬元增加到100萬元。2007年11月又匯進100萬元，事先沒聽說，數日後才接獲黃主席的來函，告知他再捐一佰萬元。2010年本校改名為金門大學，在揭牌典禮中，當場宣布捐資500萬元，2011年，吳清基部長蒞校表揚僑領，感謝黃主席認養本校休閒管理學院，黃主席又當場宣布捐資1500萬元。回顧本校之籌設創校過程，第一位捐資佰萬以上的就是黃主席，捐資次數最多者，首推黃主席和楊忠禮主席，各捐資四次以上。

三、黃祖耀主席

　　新加坡大華銀行總裁黃祖耀，七歲離開金門，目前是新加坡金門會館主席。對捐資興學和僑界服務，頗受各界推崇，其辦公大樓聳立於新加坡最繁華之核心地帶，成為閃閃發光的地標。每逢我率本校主管同仁登門拜訪，黃主席於百忙之中，必抽空接見。談到金門發展高校之願景，黃主席精神為之一振，雙眼為之一亮，常舉新加坡國立大學之標竿，其中提起來自中國大陸學生，稱讚他們非常用功，加強英文能力，把字典整本背下來，其毅力和決心另人印象深刻。2010年，本校成功地改為金門大學，

2010年12月14日李金振校長（右）率行政同仁拜訪新加坡大華銀行總裁黃祖耀主席（左）。

黃主席實現他的承諾，於本校改大後首次會面中，捐資新加坡幣一佰萬元。為了感謝黃主席慷慨捐贈，特將人文社會學院以黃祖耀命名。

四、張允中主席

　　人在新加坡心繫故里的新加坡最大航運公司——太平洋船務公司董事長，18歲離開金門，在海外奮鬥七十多個寒暑，歷經多次浩劫，可謂大難不死必有後福，如今，其總公司大廈設於新加坡繁華地段斯斯街（相當於台北的西門町），旗下擁有逾百艘貨櫃輪，每艘之頓位逾千個貨櫃。其航運線遍佈全球。我每次訪問新加坡，拜訪張主席是必經的行程，每次張主席都安排在他的總公司大廈專用餐廳宴請來自故鄉的本校同仁，而且張主席還特別邀請旅居新加坡大半輩子的年長金門鄉親一起來。同時，吩咐其子女和我們認識。張主席老家住沙美，小時候曾負笈廈門集美，學生時代是短跑健將，身體硬朗，這也是他事業成功的基礎。張主席為緬懷親長之恩，特將老家修建為紀念館，並成立基金會獎勵後進。2012年，張主席決定捐新台幣一仟萬元給念茲在茲的金門大學。展現其高齡近百而行動力不落人後的特質。

2011月6月2日李金振校長（中）拜訪柔佛州金同廈會館陳成龍拿督（右），致贈捐資興學感謝狀。

五、王振坤主席

旅居印尼雅加達的僑領王振坤董事長，擔任印尼雅加達金門互助基金會副總主席，待人和藹可親，事業有成，襄助黃進益總主席推動金門互助基金會之活動，貢獻良多。2011年我率團訪問印尼雅加達時，王董事長全程陪同，熱忱接待，在會館茶敘中宣布捐資二佰萬元，本校特成立王振坤會議廳。

六、陳成龍總會長

馬來西亞柔佛州金同廈會館總會長陳成龍，將建築成就與環保、公共建設相結合，多年來累積的成果，合計興建的房產逾二萬多棟。陳總會長不僅蓋房出售，他還幫地方改善公共設施，例如車站等免費興建送給政府。同時，把河川整治好，因此，受到當地政府高度的信賴與讚賞。陳總會長熱心服務，我多次率團拜訪，以及本校學生組成海外僑教志工團的參訪都提供賓至如歸的接待。陳總會長於2010年返鄉參加本校改大揭牌典禮時，宣布捐贈二百萬元，認養陳成龍閱覽室。

七、黃章聯董事長

黃章聯董事長是新加坡僑領黃木榮的長子，是本校講座教授

2012年8月13日李金振校長（左）赴新加坡拜訪，於金門會館轉致教育部銀質獎章，感謝方水金先生（右）捐資興學。

何國傑的表弟。為紀念其雙親，特捐贈二百萬元，以父母之名認養兩間講堂。

八、陳篤漢主席

新加坡金門會館副主席陳篤漢，是金沙陽宅人。在新加坡僑界屬於青壯輩，事業規模蒸蒸日上，陳副主席於發展事業之餘，還研究美食。2011年陳副主席帶隊反鄉訪問，午宴設在盈春閣。中途有事要回金大，我專車接送，沿途談到金門大學發展的瓶頸與契機，陳副主席表現出雪中送炭，答應捐資一百萬元。並利用回盈春閣時向大家宣布。本校又增添了陳篤漢講堂。

九、方水金董事長

小金門籍方水金董事長，早年隨父赴新加坡發展，起初工作不穩定，與父親一起住在工地，後來父親病逝，方董事長孤苦伶仃，舉目無親，努力幫老闆送貨，另兼差賣油條，從基層工作體驗老闆是怎麼賺錢的，目睹老闆每天只打幾通電話，吩咐幹部按時送貨，其他時間都在酒店享樂。於是探討個中的秘訣，慢慢建置自己的車隊，發展成今天新加坡頗具規模的貨運公司。2011，我介紹前行政院長劉兆玄到新加坡拜訪僑界，新加坡大華銀行董

2012年8月9日馬來西亞僑領呂慶安拿督（右）捐資興學，李金振校長（左）致感謝狀。

事長黃祖耀設宴接待。邀請當地的僑領一起參加，方水金董事長亦是受邀之列，方董事長非常低調，在散會之際，前來對我說：「有件事不知道能否拜託你。」我立即滿口回答：「沒問題，儘管吩咐。」他說，他想捐一百萬元給金門大學，可否請我轉交。這就是方水金講堂的由來。

十、呂慶安

馬來西亞巴生雪蘭莪，位於首都吉隆坡西側約一百公里，面臨印度洋，人口逾一百萬，百分之八十是華人，大多住在市區，其中金門會館的鄉親約五萬人。會長呂慶安事業有成，熱心公益，尤其鼓勵年青人負責金門會館相關業務，並舉辦返鄉尋根團，將中華文化世代相傳。2011年世界金門日，呂會長組團，陪同楊忠禮博士伉儷參觀本校，對於故鄉有一所優質的高校深受激勵，並徵得楊博士的指示，捐贈二百萬元。在楊忠禮理工學院一樓設立了呂慶安演講廳。

十一、方耀明董事長、李志遠董事長

話說2012年在盈春閣午宴中，我和方耀明董事長、李志遠董事長同桌用餐，談起對親長之奮鬥精神，大家都很感動，都是新

2012年8月13日李金振校長（左）赴新加坡拜訪，於金門會館轉致教育部銀質獎章，感謝方耀明先生（右）捐資興學。

2012年8月13日李金振校長（左）赴新加坡拜訪，於金門會館轉致教育部銀質獎章，感謝李志遠（右）昆仲六人捐資興學。

加坡金門會館極為熱心、活躍的後起之秀，方董事長經營新加坡河獨家的遊艇與休閒公司，是新加坡旅遊業非常亮點的行程，方耀明事業有成，不忘先父之恩，特以其父親之名捐贈一百萬元。李志遠董事長發揚其父李皆得旅遊事業，兄弟六人為紀念其父親對故鄉的回饋，特捐贈一百萬元成立李皆得講堂。

十二、林國欽董事長

　　旅居汶萊的小金門鄉親林國欽董事長，他出國前，曾在金門台灣接受教育，成績名列前茅，以產油聞名的汶萊，人口四十萬，其中百分10是華人，華人中百分之80來自小金門。大多從事各項服務業。林董事長除在汶萊經營海皇百貨公司外，其事業版圖也延伸到廈門等地。2013年，林董事長返鄉探親，有機會來本校參觀，由於理念相近，我們幾乎把大部分時間都在校長室暢談，金門的過去和未來。林董事長在回廈門前，告訴我他想將與其兄長家人研商，捐贈二百萬元。回去之後，元月31日就把錢匯進金門大學校務基金。

2013年3月7日臺北市金門同鄉會李台山理事長（右）捐贈一百萬元發展基金予本校，由李金振校長（左）代表接受。

十三、蔡其雍董事長

從小愛好運動的蔡其雍董事長，是全程馬拉松的高手。就讀金門農工職校時，常翹課去跑馬拉松，學業成績欠佳，前途不被師長和同窗看好。其父熱心公益，村莊之婚喪喜慶之志工都少不了他。在協助勞務之餘，常聽到譏諷的聲音，意思是你兒子不會讀書，未來也別指望要過好日子，真是命苦。蔡董事長從小受到這般刺激，心理不是滋味，於是化悲憤為力量，出社會後加倍努力，尋找機會創業，終於奮鬥有成，被譽為垃圾車大王。有一天，在葡京餐廳巧遇，得知同桌的對面正是蔡董事長，乃起身向他毛遂自薦，簡單的對話，相談甚歡。蔡董事長立即表示要捐資一百萬元給金門大學，並以其父之名成立蔡金還講堂。

十四、李台山會長

台北市金門同鄉會會長李台山，赴台發展事業，可謂宏圖大展。其事業版圖，雄跨兩岸。以建築業為例，李會長所從事之

李金振校長（右六）偕主管同仁訪問馬來西亞巴生雪蘭兒金門
會館。

建築，都是豪宅級的精緻建設。最難能可貴的是，李會長文質彬彬，文筆細膩典雅，表達無礙，是位頗具文學素養的商人。其主編金門鄉訊，親自策劃、採訪、撰稿、編輯、出版等一系列業務，與專業期刊之水準不遑多讓。李會長於事業繁忙之餘，仍不忘服務鄉親，其德高望眾，深受大家推崇敬重。當選為同鄉會會長，誠是眾望所歸。今（2013）年李會長率團返鄉訪問，蒞臨本校參觀，在聽取我的簡報後，宣布捐贈一百萬元，表達對本校校務發展之肯定與支持。

　　以上是我所經手的金門鄉親捐贈金門大學的經過。有人說我是募款的高手，其實不能這樣說，從這件事而言，我不是伸手去向人家要錢。而是金門大學猶如家裡剛誕生的小孩。我覺得每位金門人都全力參與金門大學的建校工作，本乎事成不必在我。我僅是把這個平台開放出來，讓大家都有機會參與創校興學的事業。要辦一所陽春型的大學，靠政府年度預算之逐年編列即可。然而，我們一定不以陽春型的大學為己足。但是，若要把大學辦好，唯一的途徑，就是靠自己。我們金門在發展高等教育的舞台上不能輸。

設停車場，有了新方案

2013.12.8

在本校校園整體規劃中，以校舍之興建為優先考量，將有限的經費和空間優先投入教學與生活之亟需，那捨得去投資在停車場。惟建築有一定的停車位比例之規定，解決之道，乃以道路兩側克難充數。

迄今，已興建了11棟建築，真正備有車位者，僅限於學人二舍及體育館，其他各棟校舍，其停車位有待解決。

去年（2012）向縣政府爭取寧湖三劃593-18號縣有地，事前將此空地施工，興建有簡易的加蓋機車停車場，再以既成事實促成縣政府無償撥用之理由。

惟車位不足未能滿足全校學生之使用，所以不敢貿然實施人車分道。因此，該停車場使用率極低。

2013年12月7日早晨散步，看看即將於本（12）月底竣工的多功能健康活動中心。並走到施工便道和建材堆放的廣場。該廣場即昔日李炷烽縣長規劃為孔廟用地，俟李沃士縣長改變政策，將之無償撥用予本校。這三年來做為多功能活動中心建築的施工準備區。

今（2013年12月7日）天早上游泳回來，再去走一趟，發現建材搬走後，覺得空間非常寬敞，而且位置又適中，在設計學院興建前，可權充停車場。目前可利用這次施工復原工程，將孔廟用地整地並鋪上水泥，暫時做為大型的機車停車場。

大師身影，重現海濱鄒魯

2013.12.10

　　韓愈指出，師者，所以傳道、授業、解惑也。大學之所以為大，是因為有大師。這正是本校努力追求的目標。追溯本校的發祥地燕南書院，就是宋代大師朱熹所創辦的。再看近年來應聘為本校講座教授，並屢次蒞校講學，如杜維明院士、丘成桐院士、朱經武院士、余光中詩人、洛夫詩人、李奇茂書法家、馮達旋副校長、鄭貞銘教授等，都是當代大師。其中，留校授課有鄭愁予詩人、黃廣志校長、漢貴恩教授等。在這閩南式的校園中，配上大師的身影，無異是海濱鄒魯的再現。

　　回顧17年前，這片綠意盎然的廣場，彼時，是由木麻黃領軍的四埔林場，同樣是生命，卻因百年樹人而犧牲十年樹木，基於生命的尊重，本校實在欠它們一份情。於是將砍伐下來的樹幹集成圓球，作為永恆的紀念。

　　經過多年的林相更新，如今，多元的樹林層層地圍繞著如茵的草坪。為了讓本校師生隨時都能學習大師的典範，特於廣場上豎立曾在本校講學的大師肖像，一方面表達本校尊師重道的風氣。同時，也使百年樹人與十年樹木相得益彰。

李金振校長（左）於2012年7月29日敦聘名詩人余光中賢伉儷（右）為本校榮譽講座教授。

李金振校長（右）於2010年10月11日禮聘杜維明博士（左）為本校名譽講座教授。

國立金門技術學院誕生誌

2013.12.22

　　本校創設17年來，歷經專科、學院、大學等三個時期。前有金門分部，後有金門大學。金門技術學院居於承先啟後的地位。

　　追溯本校的發起，源於金門縣解除戰地政務後，縣長陳水在及立委陳清寶等多位地方鄉賢屢向中央提出申請，並編列三億元建校基金，獎勵來金門設大學。1997年，適逢教育部長吳京大力發展高等教育，對於金門縣多年來的訴求格外重視，乃於黃廣志校長任內，核定國立高雄科技學院增設專科部金門分部。

　　金門分部創設尹始，本人由原國立成功大學主任秘書借調返鄉擔任分部主任。肩負辦學與創校之雙重任務。2001年，借調滿期，辦學雖略有起色，惟創校卻遙遙無期。乃毅然向成大請辭，留在金門分部繼續完成未竟之功。未來的任務，旨在貫徹辦學與創校之使命。

　　在辦學方面，新校區啟用前，新科系逐年增設，自然增班接踵而至。如何因應上班、上課、住宿等問題，正考驗金門的能耐。這期間，先後借用金門縣仁愛山莊、金門農工實習農場、金湖國小科學館技教館和宿舍、金門高中英士樓、金湖鎮警察所舊館等部分空間，能迅速組成臨時校區。實應歸功於陳水在縣長、王添富校長、吳啟騰校長、李光明校長、陳福海鎮長等機關首長，以無私的作為表達了金門團隊的精神。

　　在創校方面，新校區四埔林場。如何將這片俗稱赤后埔的不毛之地開發成美麗的大學校園。是另一項重大考驗。舉凡公有

地無償撥用、私有地協議價購、保安林場准予砍伐、先民墳墓遷葬、環境影響評估、都市計劃變更、以及大學路之開闢等土地問題。每項任務都是高難度的行政手續。若不是縣府行政團隊鼎力支持和在地鄉親的理性溝通,想必一籌莫展。此外,有關校舍的興建,原規劃全校只蓋一棟綜合大樓。而且還得分期施工。1999年,該計劃出現了轉機,教育部長林清江一趟金門之行。當機立斷地將工程費由逐年編列變更為一次編足。

德不孤有鄰,本校一路走來並不孤單,感謝金酒公司、金門旅台學人、以及國際友人等產學界,助本校一臂之力。僑領們更是以具體的行動來詮釋甚麼叫著「在窮也不能窮教育」的傳統核心價值。

在各項設校條件陸續到位後,創校大功告成,指日可待。2001年,獲教育部同意准予籌備。2002年,啟用新校區。同年11月4日,獲教育部審查通過,同意本校獨立設校,定名為國立金門技術學院。2003年7月,教育部舉辦本校校長遴選,本人榮任本校首任校長。同年8月1日,教育部長黃榮村親臨主持本校揭牌及校長佈達典禮。金門縣第一所最高學府於焉誕生,特為文以資紀念。

國立金門大學校長 李金振 謹誌

中華民國102年12月22日

登高望遠,鞠躬盡瘁為斯文 2012-2014

國立金門大學誕生誌

2013.12.22

　　本校發展的終極目標是改制為國立金門大學。而過去的金門分部和金門技術學院，皆是過渡時期的階段性任務。準此，2003年8月1日，本校奉准獨立設校時，本人曾期勉全體師生「國立金門技術學院大功告成之日，即是國立金門大學開始籌備之時。」

　　2006年，承蒙同仁抬愛，本人連任國立金門技術學院第二任校長。深知此後的重大任務就是貫徹改大的目標。

　　2007年，率全校師生勇敢挑戰難度頗高的改名科大評鑑。經過一翻苦戰，加上金門縣長李炷烽及時編列三億元改大基金。本以為穩操勝券，不料最後被評為資源不足而功敗垂成。

　　2008年秋，改大前景出現轉機。是年馬英九總統蒞金視察。本校把握此千載難逢的機會，提出改名一般大學之訴求。教育部奉指示召開審查會議，針對改名科大或改名一般大學進行評估，最後的決議是：尊重本校之選擇。

　　取得改名一般大學之准考證後，接踵而來的是改大評鑑。其成敗關鍵在：改大計畫書送審、審查委員蒞校訪視、以及教育部最後召開的審查會議。其間每一步驟都驚險萬分，稍有閃失，將被判出局。全體師生無不如履薄冰地迎接每一關的挑戰。

　　2010年4月13日，教育部召開最終之審查會議。本校面臨改大成功與否的關鍵時刻。教育部長吳清基、召集人翁政義與全體審查委員，聽取本校校長簡報之後，特別關注本校未來之永續發展。金門縣長李沃士率盧志輝秘書長、李再杭處長等縣府團隊，

金門大學校徽。

加上議長王再生與全體議員諸公一路相挺。並列席提出將改大基金再加碼三億元的保證，幫助本校邁向改大成功之路，發揮了臨門一腳的作用。

回顧這些年來的改大過程，之所以能夠關關難過關關過，除全體師生胼手胝足的努力外。實應歸功於審查委員被金門過去長期犧牲奉獻所感動、海外僑胞們具體行動表達了對本校支持的決心、以及金門鄉親眾志成城的濃烈鄉情所致。

2010年8月1日，本人榮任本校第三任校長（改大後首任校長）。同日，教育部長吳清基親臨主持改大揭牌和校長佈達典禮。成為本校正式邁進另一個新的里程碑，特為文以資紀念。

國立金門大學校長 **李金振** 謹誌

國立金門大學誕生誌記載永恆的史實。

府會與國會，疲於奔命

2013.12.26

　　2013年12月24日金門縣議會召開臨時會，審議提案中包括補助本校一億九仟萬元案。

　　會前，教育處長李再杭於12月20日電話告知，議會的教育文化小組已討論過，議員王碧珍、許華玉、許玉昭、謝東龍等均是小組成員，其意見仍徘徊於是否俟新任校長選出再決定。經處長極力爭取，最終決定提大會討論。

　　為了本案，我曾多次拜會李沃士縣長，他的意思是顧慮是否會刺激中小學的感受。折衷方案是打對折，先補助幾千萬元。惟重點在縣議會之通過與否。

　　為因應縣議會之支持，本校特召開特別會議，研商與縣議會之關係務必長期的合作，會中並分配責任制。此外，本校並製作記事簿、文正、茶葉等禮品，以公務禮儀之合法範圍內加強公共關係。

　　23日下午，李誠智議員與董燊院長來校長研商。我請他在議會發揮制衡作用。談話中並接電話給許建中副議長及謝東龍議員，表達本校之尊重和需要他的幫忙。

　　23日晚宴，陳滄江議員宴請蘇貞昌主席。王再生議長、許建中副議長應邀與會，我把握此機會在蘇主席面前拜託他們。

金門縣政府

金門縣議會

招生人數成績超標，罰30萬元

2014.1.28

2014年1月10日行政院環境保護署來函，指本校辦理「國立金門大學四埔林場校區開發計畫」案，查有違反環境影響評估法第17條規定情事，請於2014年1月27日前提出意見陳述書，或以言詞代替陳述書方式提出。其所指之違反規定，係指：

一、理工大樓和學生二舍，其總樓地板面積分別為10,359.32平方公尺與13,754.67平方公尺，與規劃之總樓地板面積不符，另學生二舍樓層數有6層，與所載不符。

二、學生人數102學年度4152人，與所載3111人不符。

招生成績太好，入學人數超標，反成為挨罰的對象。

金門大學學生赴美國遊學，在尚義機場與校長李金振（中）合影。

　　本校之回應，採以言詞代替陳述書，並訂於2014年1月24日偕洪瑛鈞組長及許燕煒先生等專程赴台中市南屯區黎明路二段497號7樓向環保署環境督察總隊中區環境督察大隊長吳權芳當面請教說明。吳隊長於聽取本校之解釋後，很直截了當地回答，對第一點樓地板面積之計算，接受本校之說明，惟針對第二點學生人數的預估錯誤，吳隊長堅持要罰三十萬元。

　　我再三地抗辯說，有關學生人數的預測，當初（1997年）學生人數才140人，每年增加緩慢。所做的預測，都是對未來的期待和願景，往後雖有修正調整，還是基於大膽假設問題。

　　不是我們無事找事要做預測，其實沒有把握的事，對於未來，有誰猜得準。若猜不准，就要重罰，則可以不去猜測。

　　今天，是環保署要我們規劃猜測未來之學生人數。然後據此來檢驗我們猜得準不準，若猜不准就重罰。

　　試想，學生之報到率，都會影響學生總量，自然影響準確度。其猜對的機率應該很低，若嚴重要求，十之八九都要被罰。

主持校務，心中自有定見

2014.2.1

　　兩蔣時代，對政府功能的自我期許，扮演一個能促進富國強兵、國泰民安的大有為政府。

　　所謂大有為，即國父所主張的「萬能的政府」。

　　如何做到：

　　一、意志力：有面對問題、解決問題的決心。

　　二、理想性：對未來有遠大的抱負和遠景。

　　三、有思想：有系統、有組織、整體規劃、具可行性，有方法、有策略的理論。

　　四、有勇氣：有承擔責任的肩膀、有不怕挑戰的信心。

　　五、有自覺：執行過程有檢討的機制和反省的能力。

　　六、應變力：有云計畫追不上變化，因此，危機處理能力和蓄勢待發的能力不可或缺。

　　七、天行健：仿宇宙之道理，自強不息，階段性的任務達成，就是下個任務的開始，期間無縫接軌。

　　校務亦然，17年來，目標明確，朝目標前進的腳步，不因善小而不為。成長中的學校，有為總比無為實際，史上所謂無為而治，重點不在無為，應強調「治」。無為是指統治者把握順乎天理，應乎人情，適乎世界潮流，合乎人群之需要，提供舞台機會和遊戲規則，讓全民發揮其潛力，使人盡其才，地盡其利，物盡其用，貨暢其流即可，而不是事必躬親，時時管、事事管。此道理，猶如有云：「做事最少的政府就是最好的政府。」

　　有為，即有作為。也就是有行動，有進度，有具體成果，

2013年6月27～28日校務自評校外委員與李金振校長（中）合照。

成就事功，有建樹。換言之，做一件大事。是由無數件小事所組成。是故，大有為是由小作為匯集而成。

有作為之定義，不可能切割得一舉手一投足都算一個作為。必也，宜以一個獨立的主題，適於命名者。其架構少不了下列步驟：

一、發現問題：問題之成立，端視是否妨礙目標之達成。能察覺問題的存在，是即將有作為的動機。

二、提出方法：只發現問題，卻未能解決問題，終究於事無補。不能算「作為」。能出點子，有策略，有方法，能解決問題，才叫作為。

三、具體成效：發現問題和提出方法，是「知」的領域。尚未進入實踐階段。要實際去執行，並能有效率地完成任務，才堪稱有作為。

燕南啟道，振鐸浯洲

2014.2.10

　　西元1154年南宋大儒朱熹在金門創辦了第一所學府－燕南書院。此舉帶給金門文風鼎盛，人才輩出的盛世。歷代出了44位進士。

　　準此，本校於2010年改名並轉型為國立金門大學，是年八月一日舉行揭牌典禮時，特別在當日天亮之前，先從燕南書院點燃聖火。並邀朱熹的後裔、也是廈大校長朱崇實跨海前來共襄盛舉，薪火相傳的意義格外重大。

　　本校正式成立後，第一次校務會議的第一個提案，決議將歷代44位進士追認為本校的傑出校友。並於校歌中稱之為老校友。

　　因為有此淵遠流長的文化傳承，所以本校之誕生，並非冒然無中生有，而是其來有自。在創校之背影，具突顯復校之本質，可謂重振浯島之學風，特立亭以資紀念。

國立金門大學校長 李金振 謹誌

中華民國103年2月10日

振鐸浯州紀念亭，旨在說明本校淵源於燕南書院，定位為復校，而非創校。

金門大學為答謝先民捐地興學之義舉，特興建紀念碑以資感恩。

瞬間與永恆

2014.2.17

李金振校長（前）於2013年5月20日主持游泳館上樑典禮。

　　2014年2月14日在泉州參加「東亞文化之都」系列活動之一的專題演講，主講人蔡國強親自陳述成長和創作的經過，總結是瞬間與永恆、火柴盒與宇宙。蔡大師之成就，享譽國際，其中，泉州市提供了他童年無限的想像空間，其父親用火柴盒創作，提供了殊多靈感和衷心的偶像崇拜。

　　一、就時間而言：永恆是無限瞬間組合而成。以宇宙為例，所謂「天行健君子以自強不息」。說明星球之運轉，是未曾片刻間斷過，幾千億年亦是由瞬間累積而成。我們亦當效法宇宙，追

求永恆，宜從瞬間開始，不放棄任何微不足道的時間，珍惜、有效率地使用每一個瞬間，將匯成可觀的永恆。

二、就空間而言：宇宙是由無數的元素所構成。創作空間可以無遠弗屆，惟個中靈感，其源頭卻來自小小的火柴盒。即可謂小小的教室，就是大大的世界。

準此，本校2013學年度第二學期開學典禮，有下列特殊意義。

一、這是我主持本校開學典禮的第34次，也是最後一次。

二、首次啟用體育館。於2014年2月15日晚宴，李文良總務長報告體育館和活動中心已取得使用執照。言畢，我第一時間就決定本次開學典禮改在體育館舉行。

在今天開學典禮上，我分享蔡國強大師的演講心得。期勉全體師生：

一、在人生中旅途與事業發展或個人成就，大學四年，相當於蔡大師所講的瞬間，能把握此時間，始能創造偉大的永恆。

二、在人生的舞台，金門是一個小小的火柴盒，利用四年的大學生活，從金門珍貴的境教，提升人格素養，並啟發人生發展的靈感和目標，將來必然會將金門的回憶跟隨著未來人生的每一個旅程。

天下無不散的宴席。對我而言，17年的創校過程，即將劃上句點，在一般人視為漫長的17寒暑，然而，就金門之發展史上，充其量亦不過是微不足道的「瞬間」。

美哉校園，公共藝術造景緣起

2014.5.9

　　本校自1997年創校迄今，17年來，先後興建了綜合大樓、學生一舍、學人一舍、圖資大樓、理工大樓、學生二舍、圓樓、學人二舍、體育館、游泳館、活動中心等11棟校舍，此外，校園之整體規劃和美化綠化工作日益成熟，整個校園展現出古樸的閩南建築、花木扶疏、以及四季候鳥按時報到。自然、人文、藝術等三者兼俱。於是著手進行公共藝術之設計。

　　經公開徵選，應徵者至為踴躍，本乎公平、公正之原則，舉辦全體師生參與投票，通過嚴謹之專家評審機制，最後由楊春森與托貝爾組成的國際團隊脫穎而出。邀集八位國際藝術家之集體創作。其作品包括劉和讓的「萌」（鋼雕）、楊春森的「結晶」（石雕）、趙瞬文的「字字珠璣」（琉璃）、托貝爾的「聽風」（石雕）、楊春森的「青雲之志」（銅雕）、歐姆蓮的「門」（石雕）、柏納德的「碩」（石雕）、彭郡茹的「脈脈相連」（石雕）、以及呂坤和的「天行健」（石雕）等九件。

　　其創作理念和造形，經過多次到校長室充分討論定案後，九件公共藝術同時展開設計與施作。

　　為了讓九件公共藝術作品充分融入校園，乃決定於完成前一個月將創作營移至校園。一方面遴選未來藝術作品的放置地點，一方面提供校內外師生和社會人士參與創作，形成一座戶外教室。

　　「國際雕塑創作營」於2014年4月底移師校園、於5月1日舉行開幕儀式。預定於5月15、16日兩天下午假圖資大樓陳開蓉會

金大校園的公共藝術，從萌芽的意象看來，已成為校園一景。

議廳舉行「國際雕塑創作營藝術講座」。八位藝術家將現身說法，分享創作理念以及歐洲推動公共藝術的現況與經驗。全部作品預定於5月28日完成組立，並舉行閉幕式，6月6日舉行成果展。

　　隨著這九件公共藝術作品之到位，期望在美麗的校園中發揮畫龍點睛之作用。歡迎各界人士蒞校指導。

李金振　謹誌　2014.5.9

滿級分學生放棄台大，選讀金大

2014.5.11

2014年5月9日李錫捷教務長向我報告，今年全國學測考滿級分錄取本校的考生黃建桐決定就讀本校，並決定放棄已錄取的台大電機工程學系。

考75級分，就讀台大，這是天經地義的事，不算新聞。考75級分，捨台大、選金大，這是天大地大的新聞，讀者不經要問，「為什麼？」這是一種好奇的想法。

顛覆之想法和做法，是金門大學出奇制勝的原因，機會是創造出來的。

金大如何創造機會，提供優渥的獎學金，以作為未來深造的教育基金，固然重要，惟最主要的誘因，主要是取得朱經武院士研究室的入門票。

準此，台灣綜合大學系統朱經武總校長所領導的T4龍頭成大亦願提供相關課程，加入培育團隊。甚至透過修法來提供雙聯學制。

朱經武院士之魅力，頭一回展現在國內大學聯考上，不僅縮小了台大與金大的距離，而且就本案而言，本來金大在天秤上，就與台大不對稱，但是加上朱經武院士，雙方就平衡了，甚至超越。

另一個意義是，T4之教學團隊，師資整合後的夢幻團隊，應強過台大，其吸引力已得到印證。這是T4的第一張成績單。

未來將採這種模式適用於陸生，吸收各省之榜首。

滿級分學生黃建桐（右二），已成為金大的指標人物。

2014年5月12日蘋果日報王中聖記者電話訪問。

2014年5月13日金門日報、自由時報、中國時報等媒體同時大篇幅報導聯考滿級分考生錄取本校之新聞。

卸任在即，卻當新官上任幹

2014.5.20

屈指一算，距任期屆滿，只剩下72天。明天，新任校長即將產生，在一般人的看法，現階段應該是最清閒無事可做，就順著速度滑行到終點。

然而，依這段日子，校長的行程反而比過往緊密，時間實在不夠用，類似球賽即將終了，必須把握時間進球。

今年五月之後，本校第二任校長遴選順利推動，於2014年5月21日晚上9時才圓滿完成任務。由黃奇教授從21位校長遴選委員中，獲17票當選。

在校長遴選的重大任務下，忙中加忙。於本（五）月份期間，應邀赴澳門參訪澳門大學等多所高校。並與國立中正大學，國立中興大學簽署策略聯盟協定。此外，校內之活動，與校長有約餐會等例行行程不減反增，為什麼大家想在新校長上任前，搶在此刻完成一些願望，其動機不得而知。

此外，大學城是我任內未竟之功，但仍不放棄，本月有三大進展：

一、教育部蔣偉寧部長蒞金訪問，我全程陪同，目的是找機會向部長說明大學城之重要性。黃文玲司長多次來金門參加本校校長遴選，我也把握機會向她說明。並從體育館觀景台現勘大學城全景。

二、前內政部長李鴻源蒞校講座時、談起大學城，他覺得很簡單，找張慶忠召委就搞定。於是派林政緯館長專程代表致意，張召委很熱心，立即安排公聽會，並邀楊應雄立委一起主持。與

2014年行政院毛治國副院長（右）應邀蒞校講座。

會單位包括教育部、國發會、行政院、內政部、金門縣政府、金門大學。並決定擇期赴金門現勘。

　　三、行政院副院長毛治國於2014年5月23日蒞校講座。24日下午6時搭機返回台北前，因濃霧飛機延遲起飛，在貴賓室休息，李沃士縣長向毛副院長口頭提起大學城。我手邊帶有由內政部營建署城鄉發展分署規劃的大學城修正案。立即以書面配合平面圖向毛副院長當面說明，並以公文封將資料請毛副院長帶回行

政院。

　　比照過去17年來的模式，向長官訴求時，務必有具體的書面資料，如計畫書、報告書、簡報等，否則僅限口頭報告，長官記不了那麼多。以這次毛副院長為例，兩天的行政，安排看過金門大橋、水頭港、機場、昇恆昌免稅店、台開商業街等，各單位之簡報，只留下一個印象，回台北無法交辦。

　　2014年5月26日（星期一）下班後，約下午6時，毛副院長辦公室陳育偉秘書來電。為大學城事宜討論了半小時，獲下列共事：

一、金大的立場

　　金大對大學城的期待，簡單地說，有兩大目的：

　　1.讓校園直接面臨環島北路，簡言之，猶如找到一個不凍港。

　　2.找一塊完整的土地可興建田徑體育場。

二、經建會（現改為國發會）

　　1.只要經費上收支打平即可。

　　2.原則上贊成本案。

三、教育部

　　1.曾反對區段徵收的理由是由於面積太大，經陳威仁秘書長

協調，由33公頃縮小為19公頃。

2.現又指金大僅從19公頃中取得4.8公頃，其他土地哪裡去了。

3.金大校務基金不足，無力投資新增加校地之開發。

四、內政部營建署

大學城縮小為19公頃後，其餘14公頃，絕對不許再加入。為了能解決問題，讓本案早日有個結果，陳育偉秘書建議，本校和教育部各讓一步。私有地能否再少一點？

今（2014年5月28日）與總務處詳加討論。營繕組洪組長指出：

1.田徑場所在地，有其一定的長度和寬度，座落在該基地的私有地，一定要加入區段徵收。

2.臨環島北路，是金大的門面，其間土地務必加入區段徵收。

3.臨車船管理處旁之產業道路東側可以考慮，惟產業道路是現成的界線，宜善加利用。

除積極推動大學城區段徵收案以外，2014年5月14日原安排接待嘉南藥理大學董事長王昭雄率團來訪，因受天候不佳影響、取消行程。另安排於2014年5月27日（星期二）赴嘉南科大專程拜訪。建立兩校之合作友誼。

2014年5月26日率李錫捷教務長、李金譚研發長等一行赴中

興大學簽訂合作協議書，因天候延誤到下午13時30分才抵達，興大校長李德財院士率兩位副校長、院長、研發長、總務長、學務長、國際長等一級主管在會議室等候，俟簽約後再一起用餐。

2014年5月26日下午17時30分返校，發現公共藝術「青雲之志」底座之大石頭用吊車吊至四埔林場，吊車將草坪破壞得體無完膚，頓時，令我勃然大怒，要求負責人楊春森負全責。

其他希望未來兩個月能達成的校務，包括：

1.五月底，完成校史出版品發包之行政程序。

2.本校專門委員之遞補。

3.大陸985名校講座教授之聘請。

4.工業工程學系老師之聘任。

5.本校六大中心主任之聘任。

6.我國近代百年大師之出版。

7.今年六月中旬赴大陸簽訂合作協議書。

8.七月上旬赴南洋答謝僑領及大學博覽會。

9.新任校長就職典禮紀念酒之發包。

不遠千里，行萬里路

2014.6.12

本校的學習環境，不限於圍牆內的校園，還包含整個金門；不限於一個地區，還擴及兩岸；不限於華文社會，還涉及異國風土。

有關台灣地區，目前本校學生百分之80來自台灣，就讀大學四年期間，有260個人次機會得赴台灣14所重點大學交換生。

此外，大陸部分，過去之交流，以福建省為主，大多分佈在廈門和福州兩地。另有廣州附近，其他各省，則有待開發。

這些年來，經常有兩岸大學校長教授來訪，表達對簽訂兩校交流與合作的高度意願。惟路途遙遠，往返一趟逾數千公里。因此，未能立即實踐彼此之允諾，累積了相當的負擔，其分佈的範圍包含東北地方、西北地方、北部地方、中部地方等各省，若一校專程跑一趟，恐曠日廢時，所以才規劃一次完成。

1.2014年6月8日：從廈門至長春：拜訪並簽約的學校有吉林體育學院、吉林大學。

2.2014年6月9日：長春→北京：拜訪北京體育大學。

3.2014年6月10日：北京→襄陽：拜訪並簽約的學校有長安大學、陝西師範大學。

4.2014年6月11日：西安→成都：與四川大學簽約。

5.2014年6月12日：成都→武漢：與華中師範大學簽約。

6.2014年6月12日：武漢→上海：拜訪同濟大學、華東師範大學。

7.2014年6月13日：上海→南京：拜訪南京大學。

卸任前到大陸作學術交流，六天跑了幾萬公里。

　　這趟大陸之行，七天內走過福建、吉林、北京、陝西、四川、湖北、上海、南京等八個省市。旅途合計逾一萬一千五百公里。達成的任務，拜訪及簽訂合作協議書的高校包括吉林體院、吉林大學、北京體大、長安大學、陝西師大、四川大學、華中師大、華東師大、同濟大學，以及南京大學等十所名校，對開展大陸學術交流與學術合作，又跨進長足的一步。行腳的路線和距離如次頁圖顯示。

1.廈門→長春：4,000公里。　　5.成都→武漢：1,000公里。

2.長春→北京：1,000公里。　　6.武漢→上海：1,500公里。

3.北京→西安：1,000公里。　　7.上海→南京：500公里。

4.西安→成都：1,000公里。　　8.南京→廈門：1,500公里。

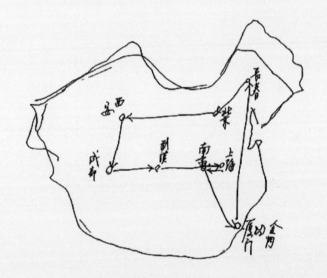

　　此趟大陸之行，又破了多項紀錄：(1)六天內跑了七個省。(2)里程數合計逾一萬公里。(3)簽約的大學共計九所大學（其中四所985工程大學和四所211工程大學）。

　　簽約的學校都具高度意願加強交換學生，其中四川大學和北京體大於今（2014）年暑假所舉辦的學生暑假活動，本校受邀派學生和領隊師長參加。

互聘學校領導為客座或講座教授者有吉林體育學院。校長親自表示同意者有北京體育大學、長安大學、華中師範大學。副校長代為轉告者有：吉林大學、四川大學。中國台辦主任代為轉告者有：狹西師範大學。

　　此行的重大發現：

　　1.各校對本校之到訪都很重視，也有高度意願交換學生。

　　2.東北學校，寒假放兩個月。冬天夜晚八點才天黑，下學期提早於八月初開學。

　　3.北方氣溫，室內與室外相差50度。

　　4.承辦人，不僅業務熟悉，而且人緣佳，非一朝一夕建立。

　　5.孔子行腳，周遊列國，僅限黃河下游，未到達東北和西北、以及長江流域。惟彼時之交通工具不可同日而語。

　　6.2014年6月12日上午在四川大學用完早餐，參訪災後防護學院後趕往機場。

　　中午自成都飛往武漢，與華中師大簽約。

　　晚上自武漢飛往上海，夜宿上海師範大學。

　　一天行腳三個省，搭兩趟飛機，拜訪三所大學。

　　7.2014年6月13日上午與上海師大簽約，並拜訪同濟大學。

　　下午自上海搭高鐵到南京，與南京大學簽約。一天內安排三所大學，分佈於不同城市。

　　長春市吉林體育學院很有誠意，提供晚、早餐及午餐，並安排住宿，此外，致送長白山出產的火山岩之墨台，重約十公斤，

金大以地利之便，學術交流的對象，已從台灣到大陸，
進而到港澳、南洋，甚至北美。

李金振校長（左）於2013年6月25日與浙江師範大學簽
署合作協議。

李金振校長（左三）率團於2014年6月8日訪問吉林大學。

沿途託運遭拒，只得隨身攜帶，真的禮重情義重。

　　本次出訪，成員僅偕教務長李錫捷及研發長李金譚，一行三人，攜帶的禮品，文宣、文件民生用品等多達四大皮箱、兩紙箱及隨身攜帶的手提背包。此行之特色：

　　一、人力精簡：在精的方面：三位均為高階主管、且博士學位，在簡的方面，未有工作人員隨行，有將無兵，省下不少人力和財力。

　　二、交通工具：七趟飛機、一趟高鐵、二趟輪船，以及18趟的專車接送，完全無縫接軌，零誤點。

　　三、簽約：共簽訂九校，拜訪一校。合約書都事先備妥。

　　四、交換紀念品：回程仍維持四大皮箱、減少一紙箱，面面俱到，點到為止。

五、財務：機票、船票、車資、誤餐費、住宿費。除接待外，均處理妥當。

六、聯繫：拜訪學校之聯絡人均密切取得聯絡，各機場之迎來送往，均專車、專人負責。

七、結盟友校學生人數逾四十萬人

1.吉林大學：七萬人。

2.吉林體育學院：二萬人。

3.北京體大：三萬人。

4.長安大學：五萬人。

5.陝西師大：四萬人。

6.四川大學：六萬人。

7.華中師大：四萬人。

8.上海師大：三萬人。

9.同濟大學：五萬人。

10.南京大學：五萬人。

附錄

歷史紀錄
創校功臣登凌煙

1997-2014

圖表1　國立金門大學學院、系、所發展歷程圖

發展時期／學年度

學制／學院欄位，發展時期分為：高雄科學技術學院金門分部（86 87 88）、高雄應用科技大學金門分部（89 90 91）、金門技術學院（92 93 94 95 96 97 98）、金門大學→（99 100 101 102 103 104 →）

二年制專科
- 食品工程科
- 營建管理科
- 工商管理科
- 觀光事業科
- 資訊管理科
- 財務金融科

人文藝術學院
- 應用外語系 → 應用外語學系 → 更名《應用英語學系(學士)》
- 閩南文化研究所(碩士)
- 華語文學系(學士)
- 都市計畫與景觀學系
- 人文藝術學院語言與跨文化碩士班

社會科學院
- 國際事務系 → 國際事務學系 → 系所整併並更名《國際暨大陸事務學系(學士、碩士)》
- 中國大陸研究所
- 建築與文化資產保存系 → 建築系 → 建築學系 → 系所整併《建築學系(學士、碩士)》
- 海洋與邊境管理學系(學士)
- 海洋事務研究所(碩士)

管理學院
- 運動管理系 → 運動與休閒系 → 運動與休閒學系 → 系所整併《運動與休閒學系(學士、碩士)》
- 企業管理系 → 企業管理學系(學士)
- 觀光管理系 → 觀光管理學系 → 系所整併《觀光管理學系(學士、碩士)》
- 島嶼休閒資源發展研究所
- 工業工程與管理學系(學士)
- 創新事業與島嶼經營(碩士)

理工學院
- 電子工程系 → 電子工程學系 → 系所整併《電子工程學系(學士、碩士)》
- 電資研究所
- 資訊工程系 → 資訊工程學系 → 整併《資訊工程學系(學士)》
- 電子與資訊系 → 電子與資訊學系
- 食品科學系 → 系所整併《食品科學系(學士、碩士)》
- 營建工程系 → 營建工程學系 → 系所整併並更名《土木與工程管理學系(學士、碩士)》
- 防災與永續研究所
- 應用科技學位學程中心

健康護理學院（理學院）
- 護理學系
- 長期照護學系
- 社會工作學系
- 物理治療學系

進修推廣部（夜間部）

二年制技術系
- 企業管理系
- 觀光管理系
- 資訊管理系 → 資訊工程系

大學部
- 企業管理系 → 併入《企業管理學系》
- 運動管理系 → 運動與休閒系 → 併入《運動與休閒學系》
- 電子與資訊系 → 併入《資訊工程學系》／電子工程學系
- 觀光管理 → 併入《觀光管理學系》

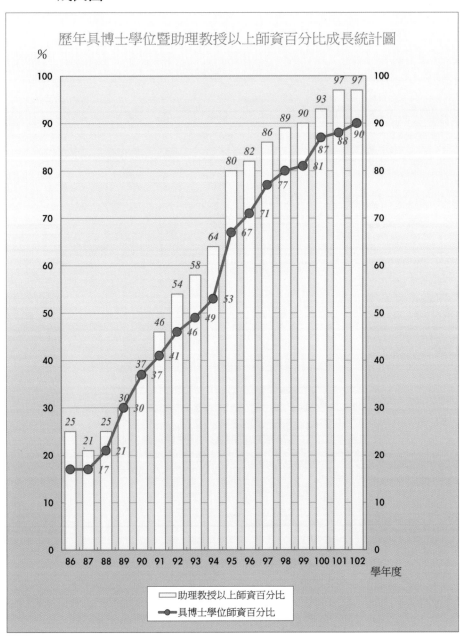

歷年具博士學位暨助理教授以上師資百分比成長統計圖

圖表3 國立金門大學歷年各學制學生人數成長統計圖

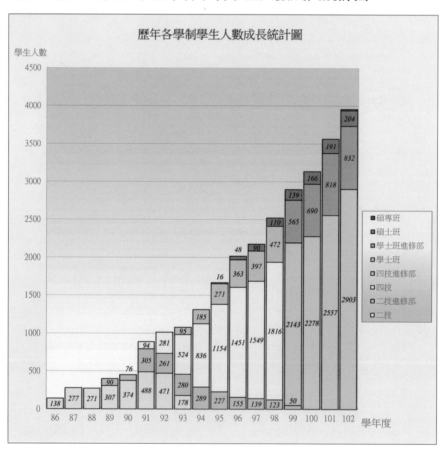

圖表4　歷年行政學術主管一覽表

國立高雄應用科技大學金門分部行政與學術主管一覽表

職稱 ＼ 學年度／姓名	86上	86下	87上	87下	88上	88下	89上	89下	90上	90下	91上	91下
校　長	黃廣志								林仁益			
金門分部主任	李金振											
教務組長	李欣玫				董　桑				范仲如			
學務組長	王興國				蔡承旺				陳成棋			呂謙
總務組長	許宗傑				黃積淵		洪集輝		陳棟燦			
秘書組組長	王翔煒				蔡承旺		林正士		王翔煒		李能慧 李文良(註)	李文良
電子計算機組長	高志瀚				李志泓							
圖書視聽組組長	黃茱珺		林黛瑋									
人事組長					魏健峰						王翔煒	
心理輔導組長			顏郁芳				季偉瓊				張梨慧	
進修推廣組組長			張梨慧		林世強		董　桑				范仲如	
實習與就業輔導組長							黃茱珺					
公關組長	張梨慧											
會計組組長	王興國		顏郁芳									
衛生保健組長											吳一德	
食品工程科主任			楊景芳				鄭朝安					
營建管理科主任			林國輝				林世強					
工商管理科主任			李能慧				黃中興					
觀光事業科主任			陳建民									
資訊管理科主任							郭文中				洪集輝	
財務金融科主任									顏郁芳		王春源	
運動管理系主任											董　桑	
應用外語系主任											楊慧美	

註：李能慧 91.08～09，李文良 91.10～92.01.31

國立金門技術學院歷年行政單位主管一覽表

職稱 ＼ 學年度	92上	92下	93上	93下	94上	94下	95上	95下	96上	96下	97上	97下	98上	98下
校長	李金振													
主任秘書	董桑	李文良(註1)	李文良								張梨慧		邱垂正	
教務長	王春源		洪集輝				陳水龍		李錫捷				洪集輝	
註冊組長			高志瀚				雷伯薰		李明煒		李能慧		吳秉聲	
招生及國際學生服務組長							林美吟				曾逸仁			
綜合業務組長			李能慧											
課務組長		陳鍾誠		李欣玫			林美吟		黃駕儀				曾逸仁	
教學資源中心主任													曾逸仁	
學務長	洪集輝	董桑	翁宗賢			董桑								
課外活動組長			崔春華				黃仲凌							
諮商輔導中心主任		李文良			顏郁芳									
學生輔導中心主任							謝觀昭				邱垂正		蔣肇慶	
生活輔導組長	陳成棋		林世龍								謝觀昭		林世龍	
衛生保健組長		謝觀昭			胡巧欣					呂昊穎				
總務長	呂謙		江柏煒		陳水龍		范仲如		陳水龍				伍添祿	
事務組長		李明煒							陳建成				李明煒	
出納組長		陳棟燦							李明煒					
文書組長		陳棟燦												
保管組長		李明煒							陳建成		李明煒			
營繕組長							洪瑛鈞							
工安組長							許正平							
研發長	吳一德		翁宗賢		陳建民		李欣玫				王興國		高志瀚	
整合發展組組長			林世強		范世平		王興國				賴盈璋		郭岑伊	
就業輔導組組長			陳建民				高志瀚						胡巧欣	
技術合作組組長			陳正德											
國際合作組組長							邱佩蒂(註2)				邱佩蒂			
人事主任	周淑華(代)	張正林									鄭道隆			
會計主任		李清瑞									顏添進			
軍訓室主任		林世龍									謝觀昭			
進修推廣部主任	王春源		洪集輝		林國輝			范仲如	傅崑成					伍添祿
進修推廣部教務組長		侯鳳雄					林正士		趙嘉裕		伍添祿		趙嘉裕	
進修推廣部學務組長		張梨慧							李鳳斌					
電子計算機中心主任	洪集輝		李錫捷				陳瑞馨		蔣肇慶				賴盈璋	
軟體系統組長			馮玄明				蔣肇慶		陳瑞馨				潘進儒	
資訊網路組長			李志泓						柯志亨					
電腦教學組長	李能慧		陳鍾誠											
圖書館館長			吳一德				蔡承旺						林國輝	
採編典藏組長			林黛瑋				唐蕙韻		魏健鋒					
系統資訊組			王翔煒			陳鍾誠								
參考諮詢組長							王士朝		李志泓					
體育室主任		董桑												
體育教學組組長		李文良												
競賽活動組組長		林本源												
場地經營組組長		吳一德					黃仲凌		黃仲凌					
保護暨安全衛生中心主任									陳水龍		許宗傑		伍添祿	

註1:校長特別助理代行主任秘書
2:96.05.01 起兼任

國立金門技術學院歷年學術單位主管一覽表

職稱 ＼ 學年度 姓名	92上	92下	93上	93下	94上	94下	95上	95下	96上	96下	97上	97下	98上	98下
食品工程科主任	李欣玫													
食品科學系主任			李欣玫	李欣玫	鄭朝安	鄭朝安	鄭朝安	鄭朝安	李欣玫	李欣玫	李欣玫	李欣玫	李欣玫	李欣玫
營建管理科主任	林國輝													
營建工程系主任			林國輝	林國輝	林世強	林世強	林世強	林世強	林世強	林世強	林世強	林世強	許宗傑	許宗傑
工商管理科主任	王春源	呂謙												
財務金融科主任	王春源	呂謙												
企業管理系主任	王春源	王春源	呂謙	呂謙	呂謙	呂謙	呂謙	呂謙	林正士	林正士	林正士	林正士	呂謙	呂謙
觀光事業科主任	江柏煒													
觀光管理系主任			陳建民	陳建民	陳建民	陳建民	陳建民	陳建民	陳建民	陳建民	陳建民	陳建民	陳建民	陳建民
資訊管理系主任	陳鍾誠	陳鍾誠	李錫捷	李錫捷	李錫捷	李錫捷	馮玄明	馮玄明						
資訊工程系主任									馮玄明	馮玄明	馮玄明	馮玄明	馮玄明	馮玄明
運動管理系主任	董桑	董桑	董桑	董桑	董桑	董桑	吳一德	吳一德						
運動與休閒系主任									吳一德	吳一德	李文良	李文良	李文良	李文良
應用外語系主任	楊慧美	楊慧美	楊慧美	楊慧美	范仲如	范仲如	楊慧美	楊慧美	傅崐成	傅崐成	范仲如	范仲如	范仲如	范仲如
電子工程系主任	洪集輝	洪集輝 翁宗賢（註3）	翁宗賢	翁宗賢	翁宗賢	洪集輝	洪集輝	洪集輝	洪集輝	洪集輝	洪集輝	洪集輝	陳正德	陳正德
建築與文化資產保存系主任					江柏煒	江柏煒	江柏煒	江柏煒						
建築系主任									江柏煒	江柏煒	劉華嶽	劉華嶽	劉華嶽	劉華嶽
國際事務系主任							范世平	范世平	范世平	范世平	紀博棟	紀博棟	紀博棟	劉冠效
應用科技學位學程中心					高志瀚	高志瀚	高志瀚	高志瀚	高志瀚	高志瀚	高志瀚	高志瀚		
閩南文化研究所所長					江柏煒	江柏煒	江柏煒	江柏煒						
電資研究所所長									洪集輝	洪集輝	洪集輝	洪集輝	陳正德	陳正德
中國大陸研究所所長									范世平	范世平	紀博棟	紀博棟	吳宗器	吳宗器
防災與永續研究所所長											林世強	林世強	林世強	林世強
島嶼休閒資源發展研究所											陳建民	陳建民	陳建民	陳建民
通識教育中心主任	江柏煒	江柏煒	范仲如	范仲如	吳宗器	吳宗器	吳宗器	吳宗器	王士朝	王士朝	王士朝	王士朝	王士朝	王士朝

註1：洪集輝～93.04.30；翁宗賢 93.05.01～95.01.31

國立金門大學歷年行政單位主管一覽表

職稱＼姓名・學年度	99 上	99 下	100 上	100 下	101 上	101 下	102 上	102 下
校長	李金振							
學術副校長					陳建民			陳建民 董桑
主任秘書	邱垂正				翁克偉			
秘書室公共關係組長			劉名峰		王智盛		溫景財	
秘書室議事暨研考組長			李瑞生				劉佩怡	
秘書室行政暨法制組長					劉佩怡			
教務長	洪集輝		何國傑		李錫捷			
註冊組長	吳秉聲	侯廣豪	王翔煒		黃鴛鴦			
綜合教務組組長	黃鴛鴦							
課務組長	呂昊穎		黃鴛鴦		王翔煒			
教學資源中心主任	胡巧欣		翁克偉		蘇淑品		胡巧欣	
學務長	董桑				彭泉		余泰魁	
課外活動組長	朱聖哲				蔡宗憲		邱泯科	
身心健康中心主任	王興國				高志瀚		王興國	
生活輔導組長	李鳳斌				莊養森		袁小雄	
總務長	李文良							
事務組長	李明煒				黃惠菊			
出納組長	陳棟燦				黃惠菊			
文書組長	許宗傑				陳棟燦			
營繕組長	洪瑛鈞							
研發長	曾逸仁				李金譚			
就業暨校友服務中心主任	李欣玫				陳瑞馨			
研究企劃組組長	郭岑伊		蔡宗憲		鄭志中			
國際事務組組長	吳松德							
國際暨兩岸事務中心主任			沈鑼志		劉名峰		邱垂正	
創新育中心主任								李增坪
人事主任	鄭道隆		張正林(代)		蔡流冰			錢忠直
會計主任	顏添進		王崑龍					
軍訓室主任	李鳳斌		謝觀昭		莊養森			
進修推廣部主任			伍添祿			李瑞生		
進修組長	趙嘉裕							
計算機與網路中心主任					馮玄明		趙于翔	
軟體系統組組長					呂昊穎		吳佳駿	
資訊網路組組長					呂昊穎		吳佳駿	
圖書館館長	馮玄明				林政緯			
採訪編目組組長	王翔煒		李志泓		沈鑼志			
軟體系統組組長	趙于翔		李金譚					
閱覽諮詢組組長	李志泓							
資訊網路組組長	李金譚							
藝文中心主任	王士朝							
體育室主任	吳一德		林本源					吳一德
體育教學組組長	蔡佈曦							
競賽活動組組長	黃仲凌							
場管經營組組長								溫景財
環境保護暨安全衛生中心主任	陳冠雄						許宗傑	陳冠雄

金門大學歷年學術單位主管一覽表

職稱＼學年度	99 上	99 下	100 上	100 下	101 上	101 下	102 上	102 下
理工學院院長	何國傑		洪集輝					
食品科學系主任	黃積淵				鄭朝安			
資訊工程學系主任	潘進儒						馮玄明	
電子工程學系主任	陳正德		伍添祿					
營建工程學系	許宗傑	陳棟燦						
土木與工程管理學系主任				陳棟燦			林世強	
工程科技碩士在職專班主任							洪集輝	
電資研究所	陳正德							
防災與永續研究所	林世強							
應用科技學位學程中心主任	呂謙							
管理學院院長							董燊	
休閒管理學院院長	陳建民							
企業管理學系主任	李能慧		顏郁芳					
觀光管理學系主任			張梨慧				趙嘉裕	
運動與休閒學系主任	林本源						黃仲凌	
工業工程與管理學系					彭泉			
島嶼休閒資源發展研究所	陳建民							
事業經營碩士在職專班主任							董燊	
人文社會學院院長	江柏煒							
社會科學院院長				陳建民				
國際事務學系	劉冠効							
國際暨大陸事務學系				劉冠効	邱垂正		蔡承旺	
海洋與邊境管理學系主任					李瑞生		陳建民	
建築學系主任	劉華嶽		許正平				陳逸杰	
中國大陸研究所所長	劉冠効							
海洋事務研究所所長	傅崑成		李瑞生				陳建民	
人文藝術學院院長					李錫捷		李素馨	
應用英語學系主任		范仲如				林志青	周晏安	
華語文學系主任						戚常卉		
都市計畫與景觀學系主任							莊翰華	
閩南文化研究所所長	江柏煒						李宗翰	
語言與跨文化碩士班主任							李素馨	
健康護理學院院長							李錫捷	
護理學系主任							韓文蕙	
社會工作學系主任							翁慧卿	葉肅科
長期照護學系主任							何清松	
通識教育中心主任	吳宗器		林政緯		韓文蕙		王士朝	

〈附錄二〉國立金門大學大事紀要

時　間	大　事　紀　要

國立高雄科學技術學院金門分部時期

1997.07.01	教育部核定國立高雄科學技術學院於金門設置二年制專科部金門分部，開設觀光事業、工商管理、營建管理及食品工程等四科，並訂86學年度招生。
1997.08.01	商借金門縣政府仁愛山莊作為教師宿舍及觀光事業科實習旅館。
1997.08.02	教育部長吳京主持「國立高雄科學技術學院附設金門分部」掛牌揭幕典禮，商借「國立金門高級農工職業學校」實習農場校舍上課。
1997.08.30	舉行86學年度金門分部第一屆新生訓練典禮。
1997.10.22	奉教育部核定，刪除「附設專科部」。修正為國立高雄科學技術學院金門分部。
1997.12.03	金門縣政府同意無價撥用寧湖三劃593-10（四埔林場）土地作為建校用地，基地內私有土地由縣政府負責徵收，並無償撥用。
1998.07.07	金防部四四高地（一）（二）營區土地撥用會勘。
1998.08.01	商借金湖國小科學館、技教館、教師宿舍等校舍，整修後作為自然增班教學及學生宿舍使用。
1998.11.02	金門縣政府同意依規定辦理撥用金城鎮北一段123、128、153、161、198、201、244號七筆縣有土地。
1998.11.10	教育部長林清江蒞校視察，允諾補助本校興建綜合教學大樓工程款新台幣三億一仟萬元。
1999.01.21	金門縣政府函覆同意按投資經費補償地上物後，辦理撥用金城鎮北一段111號縣有地作為校地。
1999.03.01	商借金湖鎮公所警察所舊址，整修後作為學生活動中心。
1999.03.08	金門縣政府函覆本校，經查勘原則同意砍伐建校工程區林木一萬二千餘株，惟不影響施工之林木應盡量保留，砍伐林木由林務所依實計價並請本校辦理補償。
1999.04.23	本校與金門酒廠實業有限公司簽訂產學策略聯盟契約。
1999.06.17	舉行第一屆畢業典禮，副總統連戰親臨致詞祝賀。
1999.11.11	教育部同意89學年度二年制技術系進修部企業管理系在職班

　　　　　及觀光管理系在職班各增一班。

2000.03.09　綜合教學大樓新建工程動土典禮，教育部長楊朝祥親臨主持。

國立高雄應用科技大學金門分部時期

2000.08.01　更名為「國立高雄應用科技大學金門分部」。

2000.08.01　歸還仁愛山莊，並商借國立金門高級中學「英士樓」作為教師宿舍。

2000.08.01　增設日間部二年制資訊管理科；二技(進修部)企業管理系、觀光管理系。

2000.09.29　寧湖三劃段593及593-1等二筆私有地，土地所有權人林永棟、許浩雲同意以每一平方公尺新台幣2200元讓售。

2000.11.30　金門縣政府同意無償撥用寧湖三劃593-17，593-18二筆土地做為建校用地，俟變更土地使用分區為文教用地後撥用。

2001.05.29　技職校院變更審議委員會同意金門分部正式籌備獨立設置技術學院。

2001.08.01　增設日間部二年制財務金融科。

2001.10.28　行政院張俊雄院長蒞臨本校綜合教學大樓視導，並聽取獨立設校簡報後，指示金門分部獨立設校是政府既定政策，應本諸「從寬、從優」的原則。

2001.11.05　第三次提出獨立設校申請，完成「金門分部獨立設校計畫書審查意見修正本」，請准予設置籌備處。

2001.11.18　綜合教學大樓落成，總統陳水扁、總統府副秘書長陳哲男、教育部次長呂木琳等人共同揭牌正式啟用。

2002.03.28　教育部技職司陳德華司長指示本校提出七仟萬元之學生宿舍之規劃。

2002.04.01　教育部范巽綠政務次長蒞臨本校視導，由林仁益校長簡報，提出興建學生宿舍的必要性。

2002.04.10　本校綜合教學大樓5樓西側整修為學生臨時宿舍完工；教育部確定提撥本校興建學生宿舍工程總經費玖仟貳佰萬元整。

2002.05.20　四埔林場校地與環島北路間4公尺寬產業道路完工。

2002.08.01　由金門農工職校及金湖國小借用校舍遷入新建「綜合教學大

樓」上班、上課。

2002.08.01　增設運動管理系、應用外語系等四年制技術系；進修部增設二年制資訊管理系。

2002.11.04　教育部召開「技職校院變更審議委員會」，通過國立高雄應用科技大學金門分部獨立設校提案，並確定校名為「國立金門技術學院」。

2003.01.21　學生宿舍新建工程動土典禮。

2003.01.22　行政院函示，核定金門分部自民國92年8月1日升格為國立金門技術學院。

2003.01.23　行政院游錫堃院長蒞校訪視，宣佈自民國92年8月1日起本校獨立為國立金門技術學院。

2003.02.07　教育部轉達行政院之核定，金門分部自民國92年8月1日起獨立為金門技術學院。

國立金門技術學院時期

2003.07.30　國立金門技術學院獨立設校，教育部長黃榮村主持首任校長李金振布達典禮，行政院游錫堃院長、立法院王金平院長親臨指導。

2003.08.01　增設日間部企業管理、電子工程等四年制技術系。

2003.08.12　與美國西佛羅里達大學簽訂姐妹校。

2003.11.24　中正國民小學校舍改建，本校撥借部份教室，供該校二年級學生教學使用。

2004.01.01　銘傳大學研究所在職班金門校區借用本校教室辦公及上課。

2004.05.12　遠距教學視訊設備啟用，與美國西佛羅里達大學連線上課。

2004.08.01　資訊管理、觀光管理、營建工程、食品科學等科由二年制專科改制為四年制技術系。

2004.11.30　學生宿舍完工啟用，教育部政務次長范巽綠蒞臨剪綵。

2005.03.07　教育部杜正勝部長蒞校視察，並主持第一學生宿舍揭牌典禮。

2005.03.27　與高雄海洋科技大學、澎湖技術學院簽訂學術交流策略聯盟。

2005.04.04　金門籍馬來西亞僑領楊忠禮先生捐資新台幣2,000萬元，作為學人宿舍建築經費。

2005.05.22	金門籍印尼僑領黃進益先生捐資新台幣100萬元。
2005.05.29	管樂社榮獲94年全國大專校院績優學生社團評鑑活動技專校院組體能康樂性社團特優獎，運動管理系學會榮獲學術學藝性社團優等獎。
2005.05.30	營建工程系同學參加2005年全國技專校院學生實務專題製作競賽榮獲土木建築類組第一名。
2005.06.11	舉行94級畢業典禮，台北市市長馬英九應邀致詞。
2005.07.15	與國立台灣師範大學簽署學術合作協議書。
2005.07.20	與國立高雄大學簽署策略聯盟協議書。
2005.08.01	增設四技日間部建築與文化資產保存系。
2005.11.03	學人宿舍新建工程動土，立法院王金平院長蒞臨參加盛典。
2005.11.10	與美國西佛羅里達大學簽署雙聯學制。
2006.03.24	與美國教育測驗服務中心（ETS）台灣區代表舉行簽約儀式掛牌，成立「多益及托福紙筆測驗金門技術學院協辦中心」。
2006.07.17	與美國西喬治亞大學簽訂姊妹校。
2006.08.01	本校校長李金振博士榮獲高票連任。
2006.08.01	增設四技日間部國際事務系及閩南文化研究所碩士班。
2006.08.28	講座教授鄭愁予發表校歌歌詞。
2006.11.01	與台灣專案管理學會舉行推動專案管理課程合作之策略聯盟簽約儀式。
2006.12.26	與亞洲大學簽署學術合作協議。
2007.01.20	圖書資訊大樓新建工程動土，教育部技職司司長張國保蒞臨參加盛典。
2007.03.01	接受教育部主辦95年度技術學院評鑑。
2007.05.01	95年度技術學院評鑑行政類組榮獲一等，專業類組企業管理系、運動管理系、建築與文化資產保存系榮獲一等。
2007.05.30	首批五位公費赴西佛羅里達大學交換學生，返校分享留學生活經驗。
2007.08.01	成立「應用科技學位學程中心」開設產學專班、「電資研究所」及「中國大陸研究所」碩士班。
2007.08.01	資訊管理系更名為「資訊工程系」；運動管理系更名為「運動與休閒系」；建築與文化資產保存系更名為「建築系」。

時　間	大　事　紀　要
2007.08.02	縣府文化局同意無償撥用文化園區游藝館、浯青中心及歷史民俗博物館後棟1、2樓供本校使用。
2007.09.18	「總統出訪暨總統府文物展」於本校巡迴展出。
2007.10.18	教育部同意本校設立馬祖分班，首屆設《食品科學系》和《建築系》；採單獨招生各五十名。
2007.10.28	接受教育部96年度交通安全教育評鑑，評列優等。
2007.10.31	本校榮獲水利署96年度節約用水績優單位。
2007.11.04	與美國西喬治亞大學（UWG）簽訂學術合作計畫。
2007.11.16	學人宿舍「楊忠禮園」揭牌啟用，捐資助建的馬來西亞僑領楊忠禮丹斯里拿都斯里親臨參加盛會；並宣布再捐資新台幣五百萬元為教育基金。
2007.12.17	日本中央大學日華友好會贈送本校「友好之櫻」，首批10株植於大學池畔，長田繁會長與李金振校長共同主持捐贈植栽暨鯉魚旗升旗儀式。
2008.01.05	協辦2008金門國際馬拉松賽。
2008.05.02	與福建省農林大學簽訂學術交流協議。
2008.05.13	97年全國大專運動會，榮獲男子木球公開組個人賽第一名、一般組團體賽冠軍、公開組團體賽亞軍、女子一般組跆拳亞軍、男子一般組3000M障礙亞軍等多項佳績。
2008.07.08	與國立成功大學簽訂《策略聯盟》共同宣示開創二十一世紀新金門風貌並建構嶄新的金廈生活圈。
2008.07.18	與澳門理工學院簽署兩校合作意向書。
2008.08.01	設立島嶼休閒資源發展研究所、防災與永續研究所；進修部設立電子與資訊系。
2008.09.22	獲行政院勞工委員會審定為技術士證照「即測即評」考場。
2008.09.24	校長李金振及傅崑成教授前往海參崴，與俄羅斯國立遠東大學締結為姊妹校。
2008.10.21	教育部委辦《九十七年度國立大學校院校務基金訪視小組》訪視委員劉三錡、滑明曙、劉立倫、李文智、高忠義、李佳芳、蔡亞慧等委員蒞校訪視。
2008.12.22	承辦「97學年度全國技專校院校長會議」教育部技職司陳明印司長主持開幕式。

2008.12.23	承辦「97學年度全國大學校長會議」教育部鄭瑞城部長主持開幕式,並為《圖資大樓》啟用揭幕。
2008.12.25	與國立成功大學、東海大學以及廈門大學四校聯合主辦《金門高峰論壇》。
2009.03.20	與國立成功大學簽訂「跨館圖書互借協議書」。
2009.05.06	日本中央大學日華友好會蒞訪,舉行贈送本校「友好之櫻」第二批植栽贈送儀式。
2009.06.24	陳報本校申請改名《國立金門大學》計畫書。
2009.07.23	本校圖書館開放金門縣民眾借書啟用典禮。
2009.07.31	國畫大師李奇茂教授蒞校揮毫,為《國立金門大學》及規畫中之游泳池、體育館、學生活動中心、學生宿舍等館樓題名。
2009.09.	與國立臺灣海洋大學簽訂「策略聯盟協議書」。
2009.10.	與國立宜蘭大學簽訂「策略聯盟協議書」。
2009.10.25	與國立成功大學、東海大學聯合主辦《2009第二屆金門高峰論壇》。
2009.10.26	教育部檢送「國立金門技術學院申請改名大學計劃書」書面審查意見。
2009.11.04	與國立嘉義大學簽訂策略聯盟協議書。
2009.12.31	教育部檢送「金門技術學院申請改名大學實地訪視會議」行程表。
2010.01.01	本校藝文中心成立,設立於圖資大樓5樓。
2010.01.08	本校申請改名大學,教育部訪視委員蒞校實地訪視。
2010.04.08	本校《金沙校區——教學實習中心》進駐掛牌。
2010.04.13	教育部召開《98學年度專科以上學校設立變更及停辦審議會議》,審議通過本校申請改名《國立金門大學》案。
2010.06	首批大陸學生漳州職業技術學院學生30餘人來校交流研修——學期結業。
2010.07.31	主辦《2010第三屆金門高峰論壇》。

國立金門大學時期

2010.08.01	改名《國立金門大學》,李金振博士獲聘為首任校長,教育部

歷史紀錄,創校功臣登凌煙 1997-2014

長吳清基親臨主持布達暨揭牌。

2010.08.01　鴻海集團董事長郭台銘透過永齡基金會，由王金平院長代表捐
贈本校美金一百萬元之高科技資訊設備。

2010.12.10　李金振校長率一級主管組成「東南亞感恩拜訪團」拜會鄉親，
傳達金門大學成立之喜訊；新加坡金門會館黃祖耀主席捐贈新
加坡幣一百萬元，印尼金門互助基金會王振坤副總主席捐贈新
台幣二百萬元整。

2010.12.27　學生第二宿舍動土。

2011.01.09　理工大樓落成，馬英九總統蒞臨剪綵，並與學生座談，分享大
學經驗。

2011.01.15　多功能健康活動中心動土。

2011.01.17　與廈門市華僑大學簽訂交流合作協議。

2011.02.22　金門縣移撥文化園區部分館舍做為本校《金沙校區》，裝修工
程開工。

2011.06.20　李金振校長率團赴日本沖繩大學進行學術交流並簽署學術交流
協定書。

2011.05.08　馬來西亞拉曼大學校長蔡賢德率團蒞校訪問，並簽署合作意向
書。

2011.07.07　李金振校長偕邱垂正主任秘書等人赴韓國首爾與誠信女子大學
簽署合作意向書，回程訪北京、上海、廈門各姊妹校學術交流
並開創陸生招生新網絡。

2011.08.16　李金振校長偕研發長等人赴美拜訪西佛羅里達大學、西喬治亞
大學及克萊姆森大學，並分別續簽或新訂交流合作協議。

2011.10.7　本校與國立清華大學簽署交換學生及學術交流意向書。

2011.10.17　僑領捐資認養楊忠禮理工學院、黃祖耀人文社會學院、黃進益
休閒管理學院等冠名揭牌。是日，巴生雪蘭莪金門會館呂慶安
署里主席捐贈本校二百萬元整。

2012.03.26　新加坡大華銀行主席黃祖耀返鄉尋根，專程蒞校參訪認養之人
文社會學院，並與師生座談。

2012.05.13　本校與台北市、新北市、金門縣15所高中簽署策略聯盟。

2012.06.27　教育部臺高（一）字第10101116313A號102年新增「人文藝
術學院語言與跨文化碩士班」及「管理學院事業經營碩士在職

	專班」、「理工學院工程科技碩士在職專班」。
2012.08.01	增設華語文學系、海洋與邊境管理學系、工業工程與管理學系；電子與資訊學系、資訊工程學系整併為資訊工程學系（含學士班、進修學士班）。
2012.08.09	李金振校長率團赴馬來西亞與新紀元學院簽署合作意向書，13日與南方學院簽署合作意向書。
2012.08.21	新加坡太平船務張允中主席分五年捐資新台幣壹仟萬元，匯入首筆新台幣貳佰萬元整。
2012.09.28	教育部臺高（一）字第101018004號函同意本校學院調整規劃案，原「人文社會學院」調整為「社會科學院」及「人文藝術學院」；原「休閒管理學院」更名為「管理學院」。
2012.10.02	教育部臺高（一）字第1010173436號函核定102學年度增設「社會工作學系」、「長期照護學系」、「都市計畫與景觀學系」。進修部新增班次「電子工程學系」。
2012.10.04	教育部臺高（一）字第1010176932號函同意102學年度增設「護理學系」。
2012.12.19	外交部暨美國眾議員一行8人蒞校參訪並舉行座談會。
2013.03.07	臺北市金門同鄉會李台山理事長捐贈一百萬元整。
2013.03.12	與台灣土地開發公司簽訂產學合作意向書。
2013.04.25	與威寶電信股份有限公司簽訂產學合作意向書。
2013.05.20	教育部臺教高（四）字第1020067821A號函同意102學年度增設「健康護理學院」，所屬學系包含護理學系、長期照護學系、社會工作學系。
2013.06.21	與澳門科技大學簽署合作交流意向書 與澳門城市大學簽署學生交流協議書、合作交流意向書。
2013.06.27	辦理校務自評校外訪視委員蒞校訪視與指導。
2013.07.10	與國立成功大學、廈門大學簽署學術交流合作協議書。
2013.07.29	與遠東航空股份有限公司簽訂產學合作意向書。
2013.08.15	與國立臺灣體育運動大學簽署學術交流與合作協議書。
2013.10.31	與國立彰化師範大學、國立高雄應用科技大學簽署學術交流與合作協議書。
2013.11.03	鄭貞銘教授捐贈本校珍藏圖書共2,218冊，設立珍貴館藏專

歷史紀錄，創校功臣登凌煙 1997-2014

時　間	大　事　紀　要
	區，藉以提升校園的閱讀風氣、陶冶學生性情，充實學術涵養。
2013.12.02	102年12月2日至3日辦理「100年度大學校院校務評鑑實地訪評」。
2013.12.05	舉行「2013金門高峰論壇——地方治理暨校務發展研討會」。
2014.01.16	與吉林體育學院簽署學術交流合作意向書。
2014.03.05	與金門防衛指揮部簽署策略聯盟合作意向書。
2014.04.25	與國立中正大學簽署學術交流與合作協議書。
2014.05.02	與國立臺灣藝術大學簽署學生交流協議書、教育策略聯盟協議書。
2014.05.21	校長遴選委員會遴選出黃奇教授為本校第二任校長。
2014.05.26	與國立中興大學簽署學術交流與合作協議書。
2014.06.07	103級畢業典禮首度於新落成的多功能活動中心舉辦。
2014.06.20	公布本校100年度大學校院校務評鑑實地訪評認可結果為「通過」及「有條件通過」。
2014.6.24	與泉州信息工程學院簽署學生交流協議書。
2014.6.27	本校與大陸28所高校簽定學術交流。

國家圖書館出版品預行編目(CIP)資料

金大崛起：燕南啟道 振鐸浯洲 / 李金振著. -- 初
　版. -- 金門縣金寧鄉：金門大學, 2015.2
　冊；　公分. -- (金大叢書)
ISBN 978-986-04-3678-5 (全套：平裝). --
ISBN 978-986-04-3679-2 (上冊：平裝). --
ISBN 978-986-04-3680-8 (下冊：平裝)

1.國立金門大學 2.歷史

525.8231/205　　　　　　　103025911

金大叢書 2

金大崛起
——燕南啟道 振鐸浯洲（下）

發 行 人	黃　奇
作　　者	李金振
編　　纂	李福井
執行編輯	邱英美
編　　輯	鄭大行・李瑾珊・楊樹清・吳美娟
照片整輯	崔春華・符宏智
校　　對	翁宗平・陳思豪・黃銘鴻・李金譚
	劉佩怡・楊志誠・林易翰
封面設計	翁翁
美術編輯	不倒翁視覺創意工作室
封面題字	唐敏達
資料提供	翁克偉・李錫捷・李文良・李金譚
	洪瑛鈞・許淳婷・陳婷怡
照片提供	國立金門大學・曾逸仁・符宏智

發行單位	國立金門大學
發行地址	(892)金門縣金寧鄉大學路一號
網　　址	http://www.nqu.edu.tw
電　　話	082-313-306　FAX 082-313-304

總 經 銷	五南圖書出版股份有限公司
地　　址	台北市和平東路2段339號4樓
電　　話	02-27055066
傳　　真	02-27066100　郵政劃撥 01068953
網　　址	http://www.wunan.com.tw
電子郵件	wunan@wunan.com.tw
戶　　名	五南圖書出版股份有限公司

台中市駐區辦公室／台中市中區中山路6號
電　　話　04-2223-0891　　傳真 04-2223-3549
高雄市駐區辦公室／高雄市新興區中山一路290號
電　　話　07-2358-702　　傳真 07-2350-236
顧　　問　林勝安律師事務所・林勝安律師

出版日期	2015年2月
初版一刷	18開本・全彩・平裝・296P
定　　價	新台幣450元整
I S B N	978-986-04-3680-8
G P N	1010302976